Makramee

Ein kompletter Leitfaden für Makramee, einschließlich einzigartiger und aktualisierter Muster, illustrierter Projekte für Anfänger und Fortgeschrittene und exklusiver Ideen für Ihr Haus und Ihren Garten

Text Copyright © [Sarah Durant]

Alle Rechte vorbehalten. Kein Teil dieses Leitfadens darf ohne schriftliche Genehmigung des Herausgebers in irgendeiner Form reproduziert werden, mit Ausnahme von kurzen Zitaten, die in kritischen Artikeln oder Rezensionen enthalten sind.

Rechtliches & Haftungsausschluss

Die in diesem Buch enthaltenen Informationen und sein Inhalt sind nicht dazu gedacht, irgendeine Form von medizinischer oder professioneller Beratung zu ersetzen oder an deren Stelle zu treten; und sie sind nicht dazu gedacht, die Notwendigkeit unabhängiger medizinischer, finanzieller, rechtlicher oder anderer professioneller Beratung oder Dienstleistungen zu ersetzen, wie sie möglicherweise erforderlich sind. Der Inhalt und die Informationen in diesem Buch wurden ausschließlich zu Bildungs- und Unterhaltungszwecken bereitgestellt.

Die in diesem Buch enthaltenen Inhalte und Informationen wurden aus Quellen zusammengestellt, die als zuverlässig gelten, und sind nach bestem Wissen und Gewissen des Autors korrekt. Der Autor kann jedoch nicht für die Richtigkeit und Gültigkeit garantieren und kann nicht für

Fehler und/oder Auslassungen haftbar gemacht werden. Darüber hinaus werden an diesem Buch regelmäßig Änderungen vorgenommen, wenn dies erforderlich ist. Wo es angemessen und/oder notwendig ist, müssen Sie einen Fachmann konsultieren (einschließlich, aber nicht beschränkt auf Ihren Arzt, Anwalt, Finanzberater oder einen anderen professionellen Berater), bevor Sie die in diesem Buch vorgeschlagenen Heilmittel, Techniken oder Informationen anwenden.

Wenn Sie die in diesem Buch enthaltenen Inhalte und Informationen verwenden, erklären Sie sich damit einverstanden, den Autor von jeglichen Schäden, Kosten und Ausgaben freizustellen, einschließlich eventueller Anwaltskosten, die sich aus der Anwendung der in diesem Buch enthaltenen Informationen ergeben könnten. Dieser Haftungsausschluss bezieht sich auf alle Verluste, Schäden oder Verletzungen, die durch die Nutzung und Anwendung, ob direkt oder indirekt, der vorgestellten Ratschläge oder Informationen verursacht werden, sei es aufgrund von Vertragsbruch, unerlaubter Handlung, Fahrlässigkeit, Körperverletzung, kriminellem Vorsatz oder aus einem anderen Grund.

Sie erklären sich damit einverstanden, alle Risiken bei der Verwendung der in diesem Buch dargestellten Informationen zu übernehmen.

Sie erklären sich damit einverstanden, dass Sie durch die weitere Lektüre dieses Buches, wo es angebracht und/oder notwendig ist, einen Fachmann zu Rate ziehen (einschließlich, aber nicht beschränkt auf Ihren Arzt, Anwalt oder Finanzberater oder einen anderen Berater nach Bedarf), bevor Sie eine der vorgeschlagenen Abhilfemaßnahmen, Techniken oder Informationen in diesem Buch anwenden.

EINLEITUNG

Einen typischen, alltäglichen Raum zu nehmen, ist die Vision der meisten Hausbesitzer, und ihn in einen Raum zu verwandeln, der Touristen zum Staunen bringt. Die Verwendung von Kunst aus Makramee-Knoten ist ein perfekter Weg, um diesen Traum wahr werden zu lassen. Die Kunst, die Sie in Ihr Haus stellen, sollte alles über Sie selbst und Ihre Persönlichkeit erzählen. Bei so vielen Optionen für Kunstwerke aus Makramee-Knoten werden Sie zweifellos etwas finden, das zu Ihrer Persönlichkeit und Ihrem Stil passt. Das Beste ist, dass alle diese Kunstwerke handgefertigt sind, also sind sie alle einzigartige Kreationen und werden Ihre Besucher definitiv begeistern, wenn sie Ihr Haus das nächste Mal betreten.

Diese Kunstwerke können online gefunden werden, und wer Knoten knüpfen kann, kann sie auch herstellen. Jetzt weiß ich, dass die meisten von Ihnen an das Makramee denken, das Ihre Großmütter früher gemacht haben. Ich weiß, dass, wenn ich an Makramee denke, das erste, was mir in den Sinn kommt, die Pflanzenaufhänger aus den frühen 80er Jahren der späten 70er Jahre sind. Aber die Kunst, von der ich spreche, wird aus Materialien hergestellt, die Baumwolle,

Hanf, Nylon und Manilakordel umfassen. Solche verschiedenen Materialien werden von den Künstlern verwendet, die diese Kunst machen, um Flaschen zu versiegeln, Fußmatten, Klingelbeutel, Untersetzer, Nadelhüllen, etc. zu kreieren. Es ist nicht schwer, mit Makramee-Knoten hergestellte Dinge zu finden, die mit jeder Einrichtung, die Sie in Ihrem Haus haben, übereinstimmen, da eine Vielzahl von Materialien verwendet wird. Diese Kunstwerke können dann in Ihrem Haus platziert werden, insbesondere in jedem Raum mit nautischem Dekor, um einige besondere Akzente zu setzen.

Dekorationen, die jedes Regal, jede Wand oder jede Bar akzentuieren können, sind gut zu haben. Würde eine mit Makramee-Knoten verzierte Rumflasche nicht 100 Mal besser aussehen als die gleiche alte, triste Flasche, die in einer Bar oder einem Regal steht? Stellen Sie sich vor, Sie schenken einem Freund einen Drink aus einer seilbespannten Flasche ein, reichen ihm dann sein Getränk, um es auf einen Untersetzer aus Seil zu stellen, und das alles, nachdem er in Ihr Haus gekommen ist und auch noch seine Füße auf Ihrer seilbespannten Fußmatte gerieben hat. Endlich ein Heimdekor, das wirklich einmalig ist, und jetzt, statt umgekehrt, wird der Jones zu Ihnen halten. Was wir alle wollen, ist ein Raum mit einem schönen Brennpunkt, und Kunst, die mit Makramee-Knoten geschaffen wurde, wird den Brennpunkt in jedem Raum bilden. Diese komplexen Kunstwerke zu haben, wird eine Aura in Ihren Raum bringen, und die Leute werden wissen wollen, woher Sie sie haben. Wenn Sie das nächste Mal Kunstwerke kaufen, um Ihr Haus zu dekorieren, beachten Sie, dass Makramee-Knoten nicht mehr die Kunst Ihrer Großmutter sind.

KAPITEL 1 9

WAS IST MAKRAME? 9

KAPITEL ZWEI 43

MATERIALIEN, DIE BEIM MAKRAMEE VERWENDET WERDEN 43

KAPITEL DREI 72

MACRAMÉ-KNOTEN 72

KAPITEL VIER 106

MAKRAMEE-PROJEKTE 106

FAZIT 157

KAPITEL 1

WAS IST MAKRAME?

Makramee ist ein Verfahren zur Herstellung von Textilien, das nicht das traditionelle Weben oder Stricken beinhaltet, sondern eine Reihe von Knoten. Man nimmt an, dass die arabischen Weber bereits im 13. Jahrhundert in der westlichen Hemisphäre damit begannen. Sie banden das überschüssige Garn und die Fäden zu dekorativen Fransen an den Enden von handgewebten Stoffen für Tücher, Schleier und Tücher. Faszinierend ist, dass es die Seeleute waren, die diese Kunstform populär machten und sie über die Häfen, die sie anliefen, in verschiedene Länder verbreiteten. Die Griffe von Messern, Flaschen und anderen Dingen, die auf dem Schiff verfügbar waren, wurden bemalt und zum Tausch gegen alles, was sie wollten oder brauchten, wenn sie an Land kamen, verwendet. Außerdem fertigten die Seeleute im neunzehnten Jahrhundert Gürtel und Hängematten mit einer Methode an, die "Square Knotting" genannt wurde.

Übliche Materialien für Makramee sind Baumwollschnur, Hanf, Leder oder Garn. Die Hauptknoten sind der quadratische Knoten, der volle Knoten und der doppelte halbe Knoten, aber es gibt auch Variationen. Schmuck wird meist durch das Mischen von Perlen, Muscheln, Ringen oder Edelsteinen mit Knoten hergestellt. Wenn Sie sich einige der Freundschaftsarmbänder ansehen, die von Schulkindern getragen werden, werden Sie feststellen, dass sie mit Makramee hergestellt wurden.

Ich bin auf das Cavandoli-Makrame gestoßen, als ich mich über die einfachen Knoten informiert habe, die bei der Konstruktion von Makramee weit verbreitet sind. Dieses Design besteht aus zwei Farben', die aus zwei einfachen Knoten bestehen, die umgekehrt werden, um eine steifere Art von Stoff zu machen, der gut für Tischsets, Geldbörsen, Bucheinbände und so weiter funktioniert. Cavandoli Macrame ist nach Valentina Cavandoli benannt, die 1961 mit einer goldenen Anerkennungsmedaille ausgezeichnet wurde, bevor sie 1969 im Alter von 97 Jahren starb. Diese besondere Dame wurde in Italien am Ende des Ersten Weltkriegs die

Leiterin eines Hauses für arme und/oder verwaiste Kinder in Turin. Dort konnten bis zu 100 Kinder im Alter von 3 bis 15 Jahren untergebracht werden. Sie brachte ihnen eine Kunst bei, die sie von ihrer Urgroßmutter gelernt hatte, Makramee, um die Kinder zu beschäftigen. Die Kinder stellten Dinge her, die sie auf Wohltätigkeitsmärkten verkauften, und es wurden genaue Aufzeichnungen über das Einkommen jedes Kindes geführt und verteilt, wenn es das Heim verließ. Leider bestand das Heim, in dem sie war, Casa del Sole, nur bis 1936, als es für die Wohltäter des Heims aufgrund der politischen Situation in Italien zu schwierig wurde, weiterzumachen.

Die Leidenschaft für Makramee schien für eine Weile zu verschwinden, aber die amerikanischen Neo-Hippies und Grunge-Leute machten den Schmuck in den 1970er Jahren wieder populär. Durch handgefertigte Halsketten, Fußkettchen und Armbänder, die mit handgemachten Glasperlen und natürlichen Objekten wie Knochen und Steinen verziert sind, wurde auch dieses Handwerk wieder bekannt.

Makramee ist ein unterhaltsames Handwerk zum Ausprobieren, das man auch mit einem begrenzten Budget betreiben kann. Es gibt viele kostenlose oder erschwingliche Muster und einige großartige Möglichkeiten, um mit

Büchern anzufangen. Das wäre ein großartiges Handwerk, um Ihre Kinder, Enkel oder irgendjemand anderes einzubeziehen.

EINE GESCHICHTE DER KNÜPFKUNST

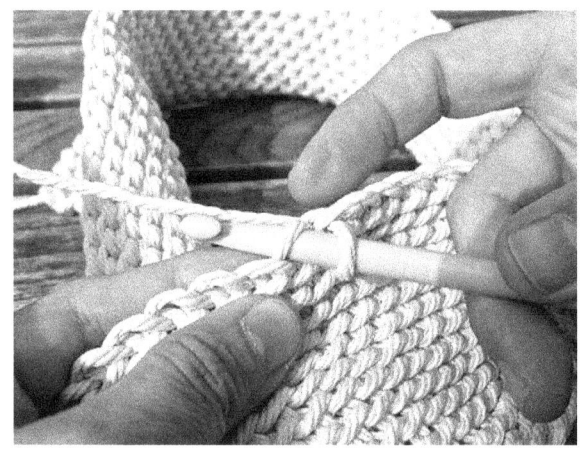

Woher kommt Makramee, und woher?

Wer erkannte zuerst den dekorativen Wert eines einzelnen Stücks Seil?

Makramee ist die uralte Kunst, dekorative und nützliche Objekte herzustellen, indem man Seile oder Fasern in einem geometrischen Muster verknotet. Obwohl viele alte Kulturen Knotenknüpftechniken und Kunststile hatten, hat das alte China seine Wurzeln in der Form des Makramees, die wir heute verwenden. Das Wort Makramee kommt ursprünglich aus dem Arabischen und bedeutet "Fransen".

Makramee verbreitete sich im Laufe der Jahrhunderte im gesamten Orient und in Europa, zum Teil dank der Seeleute und seefahrenden Händler, die die Kunst des Knotenbindens für praktische und dekorative Zwecke beherrschten. Im Mittelalter wurde die Makramee-Technik zur Herstellung von Trauerschmuck aus Menschenhaar verwendet, eine Tradition, die sich bis ins 19. Jahrhundert hielt. In der viktorianischen Ära war das Makramee in England ein gängiger und modischer Zeitvertreib, der für Spitzen, dekorative Details und Kleidung verwendet wurde.

In den 1960er und 1970er Jahren kam es zu einem Wiederaufleben des Interesses an geknüpfter Kunst, mit Aufhängern für Makramee-Pflanzen, Wandbehängen, Accessoires und Schmuck. Kräftige Farben und kühne Designs sind das Markenzeichen der Zeit.

Makramee taucht in einer überraschenden Anzahl von Modeartikeln und Accessoires auf, die heute erhältlich sind.

Makramee hat einen Einfluss auf die Mode und im Haushalt, von Hanfschmuck bis zu gewebten Tragetaschen. Das Makramee von heute zeichnet sich durch hellere, entspanntere Farben und eine größere Auswahl an Stoffen, Texturen und Verzierungen aus. Makramee ist ein gutes Solo-Handwerk - alles, was Sie brauchen, ist eine Kordellänge, eine Schere, Stecknadeln und eine Arbeitsfläche, so dass es sich gut bewegen und aufbewahren lässt.

Makramee ist eine uralte Kunst, die Faserkordeln verwendet, um Knoten zu bilden. Diese Kunst gibt es seit Jahrzehnten und kann bis ins 13. Jahrhundert zurückverfolgt werden. Es wird angenommen, dass die Kunst von den arabischen Webern stammt, die durch die Wüste zogen und mit den Produkten ihrer Handwerkskunst mit den Stadtbewohnern handelten.

Im Laufe der Zeit verbreitete sich die Makramee-Kunst in ganz Europa und zog das Interesse aller Gesellschaftsschichten auf sich. Tatsächlich war das Makramee den männlichen Seeleuten bekannt, um sich die Zeit zu vertreiben, während sie lange Monate auf See verbrachten. Die Matrosen tauschten ihre fertigen Kunstwerke auf See ein, damit sie vor der Rückkehr zu ihren Schiffen lebenswichtige Vorräte kaufen konnten. Und so blühte die Makramee-Kunst weiter auf.

Die Popularität von Makramee hatte während der viktorianischen Ära ihren Höhepunkt erreicht. Makramee-Spitze war der letzte Schrei, und man konnte sie auf Vorhängen, Frauenröcken, Kleidersäumen, Kissenbezügen und allem anderen sehen, das ein wenig Spitzenverschönerung gebrauchen konnte.

Der Einfluss von Makramee schwand im Laufe der Jahre langsam dahin. Viele der komplizierteren Knüpfmethoden gerieten schnell in Vergessenheit, da keine Aufzeichnungen über ihre Muster und Designs zurückblieben. Doch die Kunst des Knüpfens erwacht immer wieder zu neuem Leben; das Feuer für das Knüpfen brennt unter der Oberfläche unaufhörlich.

In den siebziger Jahren war die Begeisterung für Makramee wieder aufgeflammt. Die Makramee-Stücke waren noch während des gesamten Jahrzehnts überall zu sehen. Es gab kein Haus, in dem nicht ein Makramee-Pflanzenbügel oder eine Makramee-Eule die Wände zierte. Das Handwerk konzentrierte sich in dieser Revival-Ära mehr auf Textilien und Einrichtungsgegenstände, wie Makramee-Hängematten, Stühle und dekorative Makramee-Accessoires, die im Haus verwendet wurden. Als die achtziger Jahre des Rockin and Rollin ankamen, hatte sich das Makramee von den Erinnerungen der Männer gewaschen.

Diese Abwesenheit währte jedoch nicht lange. Mit den Neunzigern kam die Grunge-Bewegung, und wieder erlebte die uralte Kunst eine Art Renaissance, diesmal aber in Form von Hanfschmuck. Auf Kunstmessen und in Geschäften konnte man Armbänder und Halsketten aus Macrame finden. Der natürliche, erdige Look von Hanf war der ideale Kontrast zu der geknüpften Kunstform.

Jetzt wird diese uralte Kunstform wiedergeboren, aber mit einem breiteren Publikum im Sinn. Die Welt der Haute Couture hat begonnen, damit zu experimentieren. Letztes Jahr wurde es langsam von berühmten Häusern auf die Bekleidungslinien übertragen. In diesem Jahr haben wir Makramee-Accessoires in den Kollektionen vom Frühjahr und Sommer 2010 gesehen. Wer hätte gedacht, dass Diane Von Furstenberg, eine bekannte Modedesignerin, einige atemberaubende Makramee-Kleider in der Frühjahrskollektion 2010 haben würde?

Auch die Haute-Couture-Gemeinde ist führend in der Wiederbelebung vergangener Handwerke und Techniken. Die Fähigkeit von Makramee als anspruchsvolle traditionelle Kunstform ist unbestreitbar. Makramee-Künstler werden zunehmend als Kunsthandwerker der höchsten Stufe angesehen. Dann zücken Sie Ihre Makramee-Schnur und knüpfen Sie!

MAKRAMEE-ZUBEHÖR

Die grundlegenden Makramee-Materialien sind Schnüre, Ringe, Nadeln, Arbeitsrahmen und Perlen. Es gibt viele verschiedene Variationen in Bezug auf Umfang, Form und Inhalt innerhalb dieser wichtigen Materialgruppen. Ausschlaggebend dafür, welche genauen Arten von Makramee-Materialien verwendet werden, sind spezifische Projekte und Vorlieben.

Es gibt zwei Hauptformen von Makramee-Schnüren: natürliche und synthetische. Jute ist typischerweise ein zwirnartiges, naturfarbenes Material, während synthetische Makramee-Schnüre wie glatte Seile aussehen. Sie können in einer Vielzahl von Farben gekauft werden. In ihrer Form sind die synthetischen Makramee-Schnüre meist eher geflochten als gedreht.

Ringe, die für Makramee-Projekte verwendet werden, reichen von der Größe eines Schlüsselanhängers bis zu großen Reifen oder sogar noch kleiner. Sogar Reifen oder Ringe können als Makramee-Rahmen verwendet werden, um noch mit den darin geknüpften Knoten verbunden zu sein. Ringe aus Messing sind der Klassiker unter den Makramee-Bedarfsartikeln, aber auch Stahl, Holz und Kunststoff sind beliebt, obwohl diese weniger häufig verwendet werden als Messing. Es gibt verschiedene Ringe in unterschiedlichen Größen für viele Arten von Unternehmungen, z. B. als Aufhänger für einen Kreisel oder als Unterlage für ein Pflanzgefäß. Die Formen der Makramee-Ringe sind nicht nur kreisförmig - neben der Stern-, Baum- oder Tierform kann ein Reif oder Rahmen auch quadratisch oder herzförmig sein (auch hier sind angesichts der verschiedenen Formen die runden Ringe die am häufigsten verwendete Form).

T-Nadeln sind Makramee-Zubehör, das verwendet wird, um die Arbeit an Bord zu halten. In bestimmten Fällen sind die Makramee-Arbeitsbretter rechteckig, kompakt und aus gepresstem Holz oder Kork hergestellt. T-Pins durchdringen die Bretter, um ein Makramee-Projekt in Bewegung zu halten und ermöglichen es Ihnen, bequem an Ihrem Projekt zu arbeiten, ohne dass die Gefahr besteht, dass Sie Ihre Position verlieren oder sich zu viel bewegen, was dem Endergebnis schaden könnte. Diese Stifte haben ihren Namen von ihrem breiten oberen Querschnitt, der die Stifte leicht manövrierbar macht. Viele Leute, die Makramee machen, finden, dass das Verknoten von Kordelfäden, wenn sie ein Brett vertikal verwenden, im Gegensatz zu z. B. auf den horizontalen Flächen, weniger kompliziert ist und weniger wahrscheinlich ist, dass sie sich verheddern.

Perlen werden in vielen Teilen des Makramees verwendet. Diese gibt es in Plastik, Keramik und Holz. Übliche Perlen sind runde, ovale und zylindrische Formen für Makramee-Zubehör. Holzperlen können hell oder dunkel eingefärbt sein. Kunststoffperlen, die in Makramee-Projekten verwendet werden, können entweder durchscheinend oder undurchsichtig sein, während Keramik-Makramee-Perlen gemustert erscheinen, zum Beispiel mit gemalten Blumenmotiven.

GESUNDHEITLICHE VORTEILE VON MAKRAMEE-PFLANZENHÄNGERN

Zum ersten Mal hatte die Flower-Power-Generation recht. Es gibt einen gesundheitlichen Gewinn in den Blumen und Grünpflanzen, die Ihre Familie umgeben. Eine gute Möglichkeit, Blumen und Pflanzen zu züchten, ist, sie in Töpfe zu pflanzen und einige mit Pflanzenaufhängern aus Makramee aufzuhängen.

Die Pflanzenaufhänger aus Makramee sind eine perfekte Idee für ein Bastelprojekt oder ein selbstgemachtes Geschenk für einen Freund. Die Kunst ist einfach an einem Tag oder sogar an einem halben Tag zu machen. Ihre Mütter, Tanten und Großmütter brachten den Kindern das Makramee-Handwerk bei.

Das Handwerk war in den 1970er Jahren so populär, dass fast jeder seine Veranda mit Makramee-Hängern in verschiedenen Farben und mit verschiedenen Arten von Makramee-Schnüren schmückte. Im Wohnzimmer und in der Küche konnte man weitere Pflanzenbügel finden, die Zimmerpflanzen hielten und große Fenster zum Hinterhof öffneten, damit die Brise hereinkam.

Was genau tun die Pflanzenaufhänger aus Makramee für Ihre Gesundheit? Wie sich herausstellt, bieten Zimmerpflanzen, abgesehen davon, dass sie eine gewöhnliche Wohndekoration sind, viele gesundheitliche Vorteile.

Zunächst einmal geben Pflanzen den erforderlichen Sauerstoff ab; sie entfernen Schadstoffe und Kohlendioxid; sie reinigen die VOCs, die von Kunststoffen, Teppichfasern, Farben und synthetischen Baumaterialien produziert werden, die das Sick-Building-Syndrom, Kopfschmerzen, wunde, trockene Kehlen, trockene oder juckende Haut und Müdigkeit verursachen; sie helfen den Menschen, sich schneller von Krankheiten zu erholen und erzeugen eine ruhigere und entspanntere Umgebung.

Laut Studien der NASA eliminieren Zimmerpflanzen täglich bis zu 96 Prozent des Kohlenmonoxids aus einem Raum. Einige Pflanzen sind dafür bekannt, dass sie andere schlechte Gifte aus der Umgebung eliminieren, zum Beispiel Formaldehyd. Dieses ekelhafte Gift finden Sie in allen möglichen unglücklichen Bereichen, wie z.B. in einem neuen Teppich oder synthetischen Polstern.

Das Herstellen von Makramee-Pflanzenhängern oder das Verschenken eines solchen ermutigt zum Anbau von Pflanzen im Haus. Welches aufmerksameres Geschenk können Sie Ihren Lieben zu Hause machen, als die Entwicklung einer gesunden Umgebung? Und was gibt es Besseres als ein paar modifizierte, moderne Makramee-Pflanzenhänger, um Zimmerpflanzen ins Haus zu holen?

Makramee-Kordeln sind auch in verschiedenen Farben erhältlich. Entwickeln Sie neue, modern aussehende Designs, die Farbe und Eleganz in jedes Zuhause bringen und gleichzeitig gesundheitliche Vorteile für alle bieten. Wissen Sie, es ist nicht einfach, Makramee-Pflanzenhänger für Ihr Haus oder als Geschenke zu machen. Gesundheit und Glück sind ein Geschenk für die Familie. Mit diesem Gedanken im Hinterkopf, ist es Zeit, Ihre Makramee-Schnüre und Krawatte abholen!

TIPPS ZUM AUSWÄHLEN, ABMESSEN UND KNÜPFEN IHRER MAKRAMEE-KORDELN

Lernen Sie, wie Sie die richtige Form der Makramee-Kordel auswählen, die passende Menge an Kordel berechnen und wissen, wie Sie die Kordeln richtig knoten, um das perfekte Makramee-Muster zu erstellen. Das Design von unästhetischen Knoten oder zu engen oder zu lockeren Kordeln kann definitiv beeinflussen, wie das fertige Stück aussieht.

Wenn Sie schon einmal eine laufende Kordel zu bearbeiten hatten oder zu viel Kordel übrig geblieben ist, werden Sie sicherlich verstehen, wie wertvoll diese Tipps sind. Der wichtigste Tipp, den Sie beachten sollten, ist, dass Sie beim

Kauf eines Makramee-Fadens die passende Dicke wählen sollten, da dies ein Schlüsselfaktor ist. Mehr Länge erfordert ein dickeres Seil; ein Muster, das mehrere Knoten hat, braucht oft eine längere Schnur.

Wenn Sie sich für einen Schnurtyp entscheiden, der von der vorgeschlagenen Form im Muster abweicht, riskieren Sie ein Ergebnis, das Ihnen nicht gefällt. Wenn Sie sich jedoch ausreichend mit Makramee-Kordeln auskennen, können Sie die Kordelarten austauschen, solange sie die gewünschte Länge, den Durchmesser, die Haltbarkeit, die Textur und die Stärke haben.

Wenn Sie eine dickere Kordel als die im Muster angegebene verwenden möchten, sollten Sie darauf achten, dass Sie weniger Knoten machen müssen als im Muster vorgeschlagen. Eine dickere Kordel und viele Knoten, auch wenn Sie schöne Accessoires wie Perlen und Anhänger verwenden, lassen das Stück unförmig aussehen.

Sie sollten auch darauf achten, ob Sie Ihre Knoten fest oder locker binden. Konsistenz ist bei der Herstellung von Mustern sehr wichtig. Geknotete Kordeln neigen dazu, sich zu fest zu stapeln. Um den gewünschten Effekt zu erzielen, fallen sie nicht in die richtige Position.

Wenn Ihnen dennoch der Faden ausgeht, was den Besten von uns passiert, können Sie immer noch auf die Spleißoption zurückgreifen. Dies ist der Notfalltrick beim Verlängern einer Kordel, indem man eine Kordel der Länge nach halbiert, dann die beiden Enden miteinander verbindet, indem man die Fäden entwirrt und sie mit einem festen, klaren Kleber bestreicht. Verdrehen Sie sie und lassen Sie sie dann an der Luft trocknen.

TERMINOLOGIE IN MAKRAMEE VERWENDET

Matte

Eine Art von Knoten, der beim Festziehen ganz oder teilweise ausgefüllt wird. Wird normalerweise mit zwei oder mehr Kordeln gemacht.

Das ist die Masthead-Matte. Die Seite Keltische Matte besteht aus drei rechteckigen Mustern.

Metallisch

Eine Art von Material, das so behandelt wurde, dass es wie Silber, Gold oder Kupfer aussieht.

Um den Glanzeffekt zu erzeugen, wurde dieses Garn mit Wachs und Glitter beschichtet. Weitere Details finden Sie unter Synthetische Materialien.

Mikro-Makrame

Dieser Begriff wird verwendet, um Projekte zu beschreiben, die mit sehr feinen Kordelmaterialien in einer Größe von 2 mm oder weniger hergestellt werden.

Hängen (oder Montieren)

Die Anfangsphase eines Macrame-Projekts, in der die Kordeln mit einer Nadel, einem Dübel, einem Handtaschengriff, einem Schmuckverschluss oder einer anderen Schnur verbunden werden.

Wichtige Macrame-Wörter wie dieses müssen von Anfängern in diesem Handwerk verstanden werden.

Montageknoten

Montageknoten Eine bestimmte Klasse von Knoten, die beim Zusammenbau verwendet werden. Der bekannteste ist der Double-Half-Hitch (DHH).

Picot-Montagen sind Konstruktionen, bei denen man die Schnüre zu Schlaufen faltet. Sie werden dann an den DHH angehängt.

Natürliche Fasern

Kordelprodukte pflanzlichen oder tierischen Ursprungs.

Hanf, Jute, Baumwolle, Flachs sind alle Produkte pflanzlichen Ursprungs. Leder und Seide stammen von Wildtieren.

Neuheitsknöpfe

Knöpfe, die in einer Vielzahl von verlockenden Designs geformt sind.

Sie können auch zum Verzieren von Schmuck und anderen kleinen Makramee-Projekten anstelle von Perlen verwendet werden.

Organisieren

Der Zyklus, bei dem die Schnüre in Gruppen aufgeteilt werden, bevor die Knoten hinzugefügt werden.

Überhand-OH (oder OK)

Überhandknoten Einer der einfachsten und nützlichsten Knoten. Der Überhandknoten kann in allen Phasen eines Macrame-Designs verwendet werden.

Anhänger

Eine Form der Dekoration für Schmuck mit einer Schlaufe an der Oberseite.

Die Kordel wird durch die Schlaufe geführt, und darunter baumelt der Anhänger.

Schlaufen aus Picot

Picots ragen an den Rändern anderer Knotenmuster heraus.

Picot-Designs wurden in den späten 1800er bis frühen 1900er Jahren für Makramee-Projekte populär.

Zopf (oder Braid)

Wichtige Terminologie für Macrame-Designs, die durch das Weben und Kreuzen mehrerer Schnüre entstehen.

Die Registerkarte Makramee lernen im Abschnitt Geflechte und Stäbe enthält mehrere Designs.

Projektbrett

Ein Gerät, das für Macrame benötigt wird, ein Projektbrett, kann aus Seil, Schaumstoff, Pappe oder anderen Materialien hergestellt werden.

Es dient zum Halten der Stifte, die zum Schutz der Kordeln verwendet werden.

RLH = Umgekehrter Lerchenkopf

Der Larks Head Knot wird oft umgedreht, so dass die Rückseite nach vorne zeigt, weil er einem Double Half Hitch ähnelt.

Er wird an der gleichen Stelle verwendet, an der sich beide Knoten befinden. Oft werden auch zusätzliche Half Hitches hinzugefügt.

Jakobsmuscheln

Bei Scallops handelt es sich um eine alte Befestigungstechnik, bei der geknotete Schlaufen entlang der Kante eines gefertigten Stücks liegen.

Die beliebteste Form sind die hier gezeigten Buttonhole Scallops.

Segment

Dieses Wort ist eines der beliebtesten Wörter beim Macrame und wird verwendet, um einen bestimmten Bereich des Seils, Knotens oder Designs zu definieren.

Der mittlere Abschnitt in diesem Bild ist höher als die anderen.

Sennit (oder Sinnet)

Dies sind ebenfalls grundlegende Wörter, die Anfänger über Macrame lernen müssen. Es sind Designs, bei denen Knoten geknüpft werden, die eine Kette bilden, einer nach dem anderen.

Dieses Bild zeigt einen Sennitknoten im Quadrat.

Schaftknopf

Eine Art Knopf, der hinten eine Schlaufe hat, die oft als Schaft bezeichnet wird.

Diese Art von Knopf kann, ähnlich wie eine Perle oder ein Anhänger, zur Verzierung einer Kette verwendet werden.

Spirale

Eine Art geknotetes Muster, das erhöhte Bereiche verdreht.

Der hier gezeigte Spiralstich (Halbknotenspirale) ist eine der am häufigsten verwendeten Knüpftechniken für Macrame-Pflanzenhänger.

Stehendes Ende (oder gesichertes Ende)

Dies ist einer der wichtigsten Begriffe, die Sie über Macrame lernen müssen.

Dieser Begriff wird verwendet, um das Ende eines gesicherten Seils zu definieren und wird nicht zum Erstellen des Knotens verwendet.

SK = Quadratischer Knoten

Ein dekorativer Knoten, der am häufigsten in Macrame-Projekten verwendet wird.

Der Square Knot wird zum Binden verschiedener Mustertypen verwendet, einschließlich Sennits und alternierender Muster.

Symmetrie

Muster auf beiden Seiten, oder oben und unten, sind ähnlich.

Sie sollten immer bestrebt sein, ausgewogene Muster zu erstellen, wie z. B. das hier gezeigte Flügelmuster.

Verbundwerkstoff

Faser Schnur, die durch einen chemischen Prozess hergestellt wird, wie hier bei der Nylon-Fallschirmschnur zu sehen.

Spannung (oder Taut)

Dies ist eines der wichtigsten Wörter bei Macrame und bezieht sich auf Kordeln, die so gesichert sind, dass sie nicht reißen oder sich bewegen.

Die Kordeln werden normalerweise leicht gezogen und/oder gestrafft.

Aufdröseln

Sich trennende Fasern innerhalb einer Kette. Dies tritt auf, nachdem eine Kordel von selbst zerschnitten wird, weshalb Sie Kordeln immer verpacken sollten.

Oft werden Kordeln wie diese Quaste absichtlich entwirrt und gereinigt.

Vertikal

Knoten oder Muster, die von Seite zu Seite und nicht von oben nach unten angeordnet sind. Die meisten Muster werden auch vertikal, also von oben nach unten, dargestellt.

Dies ist die Leiste für die Stiefelspitze.

Vintage-Knoten

Einige Knoten, die in Macrame verwendet werden, werden als Vintage-Techniken bezeichnet, da sie in oder vor den frühen 1900er Jahren entstanden sind.

Weben (oder Weaving)

Sehr wichtige Macrame-Wörter, die verwendet werden, um Schritte zu beschreiben, in denen Sie sich drehen, um einen Knoten oder ein Muster unter und über Kordeln zu erzeugen.

Arbeitsschnur

Dies ist dasjenige, das Sie von allen wichtigen Macrame-Wörtern im Wörterbuch kennen MÜSSEN.

Es ist der Begriff, der verwendet wird, um die Knoten an die Kordel (oder Kordeln) zu knüpfen. Oft auch "Kordelknoten" genannt.

Arbeitsende

Mit diesem Begriff wird das Ende einer Kordel bezeichnet, das die gesamte Bewegung beim Knüpfen des Knotens ausführt.

Das ist das Gegenteil vom "stehenden Ende", das nicht bewegt wird.

Reihe:

Eine Reihe von nebeneinander liegenden Knoten, die jeweils mit einem anderen Arbeitsfaden gebunden werden.

Abwechselnde Schnüre:

Bilden einer neuen Gruppe von Kordeln, indem die Hälfte der Kordeln von zuvor gebundenen, benachbarten Knoten genommen wird und die Schichten darunter und darüber, wo die Kordeln herkommen, verbunden werden.

Schnüre aufladen:

Verschieben der Position von Knüpf- und Füllkordeln, um die letzten Knüpfkordeln zu Füllkordeln und die letzten Füllkordeln zu Knüpfkordeln zu machen.

Füller

Schnüre: Bestimmte Schnüre in der Mitte der knotenden Schnüre.

Fixieren:

Wird mit einer Polypropylenschnur durchgeführt, die zwei Schnüre miteinander verbindet. Halten Sie eine Feuerzeug-Butanflamme in die Nähe der Schnüre, um die Fasern zusammenzuschmelzen. Rollen Sie die Enden zwischen Ihren Fingerspitzen. (Befeuchten Sie Ihre Finger, um Verbrennungen zu vermeiden).

Halten der Schnur:

Die Schnur, den Dübel oder den Ring, um Ihr Projekt zu binden, während Sie daran arbeiten.

Knüpfbrett:

In der Regel eine 1 in bedruckte Gitterfaserplatte. Zweiseitige Dreiecke. Sie können auch einen Bleistift oder sogar ein starkes Kissen verwenden, um Ihr Projekt zu halten.

Wickelschnur:

Die Kordel, die verwendet wird, um eine Gruppe von Kordeln zu sammeln und sie zu binden. Sie können dies an der Spitze eines Pflanzenhängers sehen.

Kordeln zum Knüpfen:

Die linke und rechte Kordel, die zum Knüpfen von Knoten über Füllkordeln verwendet werden.

Pikot:

Schlaufen, die entstehen, indem die Arbeitsschnüre ein Stück über den Knoten hinaus verlängert und dann in der Nähe des darüber liegenden Knotens hochgezogen werden. Ornamental.

Sinnet:

Eine vertikale Reihe von Knoten, die ständig aneinander geknüpft sind und aus demselben Knoten mit denselben Arbeitsschnüren gemacht werden.

T-Nadeln:

Metallstifte, deren Oberseite wie ein T geformt ist. Sie werden verwendet, um auf dem Knüpfbrett Macrame Job zu halten. Um die Stabilität zu erhöhen, setzen Sie die Stifte in einem Winkel an.

Arbeitsschnüre:

Alle Schnüre in einem Muster, die, die die Bindung machen (Knüpfschnüre), und die, die umgebunden werden (Füllschnüre).

KAPITEL ZWEI

MATERIALIEN, DIE BEIM MAKRAMEE VERWENDET WERDEN

Die Ursprünge des Makramees liegen im Gebrauch von Jute, Hanf und Leinen sowie anderen Fasern, die hauptsächlich für Netze und Tücher verwendet wurden. Als Seeleute und Kaufleute verschiedene Arten von Material aus den Ländern sammelten, in die sie segelten, halfen sie, das Handwerk zu entwickeln - und auch weiterzugeben.

Spulen Sie vor in die heutige Zeit, wo wir neue Technologien, Stoffe und natürlich das Internet haben, und Sie haben die erstaunlichste Sammlung von Fasern und Perlen und Entdeckungen, um so ziemlich alles herzustellen, was Sie sich vorstellen können.

Für Macramé braucht man jedoch mehr als nur Fasern, Perlen und Fundstücke. Viele der Werkzeuge, die Sie für die Projekte in diesem Buch benötigen, besitzen Sie wahrscheinlich schon. Was Sie nicht vorrätig haben, können Sie schnell in Ihrem örtlichen Perlen- oder Bastelgeschäft oder in einigen Fällen sogar in Ihrem örtlichen Baumarkt kaufen.

Makramee-Bretter

Makramee-Projekte müssen während der Arbeit auf einer Unterlage fixiert werden - normalerweise mit T-Nadeln und/oder Abdeckband. Dies erleichtert den Umgang mit den Schnüren und hilft, die Knoten sicher und sauber auszurichten. In Ihrem örtlichen Perlen- oder Bastelladen oder über Online-Händler sind speziell angefertigte Makramee-Bretter erhältlich, die für die meisten Projekte geeignet sind.

Sie sind in der Regel etwa 12'' / 18'' (30 cm / 46 cm) und aus Faserplatten hergestellt. Die meisten Makramee-Bretter haben ein Gitter auf der Oberfläche und Lineale an den Seiten. Sie können entfernt werden, aber ich lasse sie eingeschweißt oder versiegelt an Ort und Stelle, da ich sie als sehr hilfreiche Hilfsmittel bei der Arbeit betrachte. Einige enthalten auch die einfachen Makramee-Knoten als Anleitungsbilder.

Wenn Ihr Projekt zu groß ist, um auf ein normales Makramee-Brett zu passen, müssen Sie vielleicht Ihr eigenes anfertigen. Wählen Sie eine poröse Oberfläche; so können Sie Ihre Arbeit auch leichter feststecken. Außerdem sollten Sie eine Oberfläche wählen, auf die Sie das Klebeband leicht und ohne Beschädigung aufkleben, entfernen und immer wieder neu positionieren können. Ich habe die Oberfläche eines alten Schreibtisches für breitere Unternehmungen verwendet. Für einen langen Vorhang habe ich einmal ein Holzbrett von 3′ etwa 6′ (91 cm etwa 183 cm) entworfen, um die Arbeit zu erledigen. Wenn Sie am Ende Ihre eigene Makrameefläche herstellen, sollten Sie ein Raster darauf zeichnen und an den Seiten Lineale anbringen. Wenn Sie auf einer unorthodoxen Oberfläche arbeiten, wie z. B. einem Tisch oder einem Flugzeugtablett, möchten Sie vielleicht auch ein Stück Klebeband mit darauf geschriebenen Maßen anbringen, damit Sie einen Leitfaden in Ihrer Nähe haben.

Stecknadeln und Klebebandstifte

Mit Stecknadeln wird Ihr Projekt auf dem Makramee-Brett befestigt, so dass es sich während der Arbeit nicht verschieben kann. Sie sind auch praktisch, wenn Sie verschiedene Knotenfolgen und andere Designelemente in Ihre Projekte integrieren, um diese Stränge an ihrem Platz zu halten.

Die häufigste Option für Makramee sind T-Nadeln. Sie haben eine gute Länge, und ihre Form macht es einfach, sie immer wieder einzusetzen und zu entfernen. Es ist auch möglich, die zum Nähen verwendeten Kugelnadeln zu verwenden, aber sie sind nicht ganz so robust wie T-Nadeln. Sie ersetzen nicht mehr die Stecknadeln und Reißzwecken, die beide zu kurz sind.

Verwenden Sie außerdem Abdeckband, um Materialien auf der Arbeitsfläche zu befestigen. Wenn Sie auf einer empfindlicheren Oberfläche arbeiten, kann es ein Ersatz für T-Nadeln sein, aber es wird am häufigsten verwendet, um "Füllschnüre" zu sichern - oder Schnüre, um die Sie Ihre Arbeitsschnüre binden - während Sie quadratische und verdrehte Knoten binden. (Auf den folgenden Seiten erfahren Sie mehr darüber.) Ich bevorzuge das blaue Malerkreppband, weil es sich anscheinend leichter entfernen und neu positionieren lässt, während Sie arbeiten, als normales Kreppband. Vermeiden Sie es, Klebeband, Verpackungsklebeband oder andere durchsichtige Klebebänder zu entfernen; sie sind alle zu klebrig und können Ihre Schnüre und die Oberfläche beschädigen und lassen sich nur schwer wieder entfernen.

Schere

Viele Makramee-Projekte bestehen aus dünnen Fasern, die sich leicht mit einer einfachen Designschere schneiden lassen, wie Sie sie wahrscheinlich schon besitzen. Vielleicht möchten Sie sich eine kleine Trimmschere zum Nähen zulegen, um die überschüssige Länge abzuschneiden, wenn ein Projekt fertig ist. Mit ihnen kommen Sie wirklich nah an jeden Knoten heran, den Sie abschneiden möchten.

Bei allen Projekten, die in diesem Buch erwähnt werden, wird Wildleder und Kordel verwendet. Diese müssen Sie mit einer stärkeren Schere schneiden. Aus dem Ledergeschäft gibt es wunderbare ökonomische Scheren, die meine bevorzugten großartigen Allround-Scheren gewesen sind. Sie können mit den Häuten umgehen, aber sie sind klein genug, um die Enden um die Knoten herum zu schneiden, und sie sind perfekt für so ziemlich alles andere. Wenn Sie planen, häufig mit diesen Materialien zu arbeiten, ist die Anschaffung einer höherwertigen Schere die Investition wert.

Kleber

Die meisten Makramee-Designs werden mit Klebstoff hergestellt, um den/die endgültigen Knoten zu schützen. Die Art des Klebstoffs, der verwendet werden sollte, hängt von den verwendeten Materialien ab. Gewachstes Leinen, Hanf, Baumwolle, Seide und andere Fasern sind perfekt für Weißleim. Leder und Wildleder sind ideal für Gummikleber oder Kontaktkleber geeignet. E-6000 und Epoxid sind sehr starke Klebstoffe, die zum Verkleben von nicht porösen Gegenständen verwendet werden, wie z. B. Draht und sogar Labradoritperlen, die für die Schnalle des Herzgürtels verwendet werden. Beide Klebstoffe erfordern eine ausreichende Belüftung während der Verwendung und es sollte strikt auf alle Warnhinweise geachtet werden. Mein persönlicher Favorit ist The Third! , ein sehr solider und vielseitiger, ungiftiger, wasserbasierter Superkleber. Beachten Sie die Toxizität des Klebers, wenn Sie entscheiden, welcher Kleber für Ihr Projekt am besten geeignet ist, insbesondere wenn er mit der Haut in Berührung kommt.

Kordeln

Wenn Sie einen Knoten binden können, können Sie wahrscheinlich auch Makramee damit machen. Gewachstes Leinen und gewachster Hanf sind zwei der gängigsten Fasern, mit denen Sie arbeiten können. Es gibt sie in einer Vielzahl von Farben und Stärken. Die Wachsbeschichtung auf diesen Schnüren hilft ihnen unglaublich gut, einen Knoten zu halten. Ihre Knoten und Knotenmuster, die sich daraus ergeben, werden gut beschrieben. Diese Kordeln werden von Perlen- und Bastelläden verkauft, oder Sie können sie leicht online finden.

Ein weiteres beliebtes Makramee-Material ist Rattail, eine Satinkordel, die es in einem farbigen Regenbogen und in mindestens drei verschiedenen Dicken gibt. In den 1970er Jahren war Rattail bei Kunsthandwerkern, die gerne chinesische oder keltische Knoten in ihre Arbeit integrieren, beliebt, aber nie aus der Mode gekommen. Er kann glitschig sein, und wenn er nicht fixiert wird, lösen sich gut mit Rattail geknüpfte Knoten. Aber die Ergebnisse sehen so schön aus, dass es sich wirklich lohnt, dieses Material zu verwenden.

Mein lebenslanger Favorit ist Polypropylen oder Polyolefin-Kette. Es wird zur Herstellung von Seilen für die Schifffahrt, für Reisen und für alle Berufe verwendet, die ein sehr stabiles, robustes und wasserfestes Material benötigen. Es ist perfekt für Geldbörsen, Hängematten oder auch für das Projekt Leine und Halsband. Die Auswahl an Farben ist nicht so groß, aber die praktischen Eigenschaften machen es zu einer vernünftigen Wahl für bestimmte Unternehmungen. Sie können es in Ihrem nächsten Baumarkt finden.

Leder und Spitzen-Wildleder sind fantastische Stoffe, die aus Makramee hergestellt werden. Es gibt eine Reihe von Spitzengewichten. Achten Sie auf die weicheren und geschmeidigeren Spitzen und vermeiden Sie steifere, die möglicherweise schwer zu binden sind. Berücksichtigen Sie die Form und den Zweck Ihres Projekts, wenn Sie entscheiden, welche Art von Verkleidung Sie verwenden möchten. Ist es ein Jackpot? Ein Arschloch? Muss das Material hart und schlagfertig sein, oder soll es eher sensibel behandelt werden? Es gibt ein kleines, weiches Wildleder, das ich für kleine Taschen, einen Perlenvorhang und sogar eine Halskette verwendet habe, aber ich weiß aus Erfahrung, dass eine größere Tasche eine dickere und haltbarere Spitze benötigt. Ultra-Wildleder ist eine Alternative zu Leder und Wildleder. Ultra-Wildleder ist ein synthetisches Gewebe, das Flecken widersteht und sich ähnlich anfühlt wie Wildleder, aber in der Maschine waschbar ist. Es ist in einer breiten Farbpalette und in verschiedenen Dicken erhältlich. Unzählige Größen, Designs und Farben von Leder, Wildleder und Ultra-Wildleder sind in Ihrem örtlichen Perlen-, Kunst- oder Lederladen sowie online erhältlich.

In einigen der Accessoires in diesem Buch werden Baumwoll- und Wollgarne verwendet, wie z. B. ein Schal, ein Gürtel und sogar ein Neckholder-Top. Es gibt so viele schöne Garne da draußen, und ich muss gestehen, dass ich schon immer ein bisschen neidisch auf Strickerinnen und ihre ganze Auswahl war! Aber ich habe keine Lust zu stricken. Ich will aber das Garn. Experimentieren Sie mit Ihren Optionen, wenn Sie in den Garnladen gehen. Sie können verschiedene Texturen in Bambusgarn, Kaschmir, Alpaka, Angora und mehr finden, zusätzlich zu Baumwolle und Wollmischungen. Meine Favoriten sind die klobigen, bunten Garne (wie das, das ich für diesen Schal verwendet habe). Gönnen Sie sich üppige, handgefärbte Fasern.

Die wichtigsten Dinge, die Sie beachten sollten, wenn Sie sich für ein bestimmtes Garn entscheiden: Wie gut lässt es sich verknoten? Ist das Material zu glitschig, kann der Knoten herausfallen. Haben Sie genügend Material zur Verfügung? Bei bestimmten Spezialgarnen kann es sein, dass sie nur das bekommen können, was sie auf Lager haben. Bei einem Rucksack, an dem ich gearbeitet habe, habe ich das auf die harte Tour herausgefunden. Ich habe nur zwei Garnstränge gekauft, obwohl sie drei hatten. Ich verwendete einen Strang pro Griff, als ich das Garn an den Griffen anbrachte und bemerkte, dass ich nicht genug Garn hatte, um das Projekt fertigzustellen. Der letzte Strang war natürlich schon ausverkauft. Ups. Ups. Ich schaffte es, schöne, neutrale Baumwolle zu bekommen, die zum Auffüllen passte, aber an diesem Tag habe ich sicher eine Lektion gelernt. Oft ist es einfacher, alle bestimmten Farben zu kaufen, um sicherzugehen, dass man genügend Produkte hat. Es ist einfacher, extra zu haben als nicht nötig.

Draht

Der Draht ist ein schwieriges Material für Makramee - aber wenn Sie das Handwerk beherrschen, können die Ergebnisse einzigartige Schmuckstücke sein. Das Wesen von Metall besteht darin, sich nicht immer wieder zu verbiegen. Es fehlt ihm an Festigkeit, und durch wiederholtes Biegen wird der Draht spröde und verfestigt sich. Wenn Sie ihn immer wieder hin und her biegen, wird er schließlich brechen. Schwerer Draht lässt sich auch nicht ohne großen Kraftaufwand biegen. Die meisten Metallmakramees werden aus dünnerem Draht hergestellt, der leichter zu handhaben ist. Bei der Arbeit wird er sich immer versteifen, aber je weniger Sie ihn biegen, desto besser.

Wenn Sie noch nie mit Draht gearbeitet haben, sollten Sie sich vielleicht erst einmal mit einem weniger teuren Metalldraht vertraut machen. Es gibt verschiedene Drahtsorten zur Auswahl, darunter Messing-, Kupfer- und Kunstdraht, die es in einer Reihe von verschiedenen Farben gibt. Die meisten dieser Drähte, die auch als Gauges bezeichnet werden, sind in verschiedenen Stärken erhältlich. Aufgrund seiner Dicke ist der Draht umso schwerer zu biegen, je niedriger die Gauge-Nummer ist.

Perlen

Ohne Perlen werden die meisten Makramee-Projekte nicht vollständig sein. (Ich glaube nicht, dass das Leben selbst ohne Perlen vollständig sein wird, aber das ist nur meine Meinung; zusätzlich zu meinen Makramee-Fähigkeiten mache ich auch Glasperlen). Die verfügbare Auswahl an Perlen ist atemberaubend. Als ich anfing, Makramee zu machen, gab es eine kleine Auswahl an Perlen, mit denen man arbeiten konnte. In der Regel musste man in ein Perlengeschäft fahren, um die faszinierenden Perlen zu bekommen, die dort angeboten wurden. Seitdem sich der

Handel rund um den Globus geöffnet hat, sowie durch den technologischen Fortschritt, ist die Auswahl an Perlen, die Schmuckdesigner heute haben, fast überwältigend.

Wir verwenden in diesem Buch Halbedelsteine, Perlen, antike Saatperlen, neue Saatperlen, handgefertigte Glaslampenkugeln, Metallperlen, Knochenperlen und manchmal sogar Knöpfe. Es gibt sie in allen Größen, Formen und Farbtönen.

Einer der wichtigsten Faktoren bei der Suche nach den Perlen, die Sie in Ihrem Projekt verwenden werden, ist die Größe ihrer Löcher. Die Perlen müssen in der Lage sein, die Materialien zu verarbeiten, in denen Sie zu knüpfen beabsichtigen. Wenn Sie Ihr Material nicht durch das Loch in der Perle fädeln können, müssen Sie das Loch erweitern - wahrscheinlich mehr Aufwand, als Sie bereit sind zu betreiben. Vielleicht möchten Sie eine Vorschau des Materials, das Sie verwenden möchten, in den Perlenladen oder Bastelladen mitbringen. Alternativ bietet die Drahtwickel-Projektvariante eine kreativere Herangehensweise an das Problem "große Perle-kleines Loch". Sie können sie für die Gürtelschnalle im Ledergürtelprojekt verwenden, wenn Sie einen Haufen

Perlen haben, deren Löcher so klein sind, dass sie völlig nutzlos erscheinen.

Hardware und Fundstücke

Es mag nicht so angenehm sein, solche streng funktionalen Materialien zu wählen, aber sie sind trotzdem wichtig. Zu den Ergebnissen für Schmuck gehören Verschlüsse und Ohrringdrähte (es sei denn, Sie wollen sie selbst herstellen; siehe Herstellung von Ohrdrähten). Diese finden Sie in Ihren bevorzugten Perlen- und Designläden sowie in anderen Online-Händlern.

Für die Accessoires können zusätzliche Beschläge erforderlich sein. Gürtelschnallen, Schlaufen und Metallringe sind gute Quellen für Stoffläden, Kunst- und Eisenwarengeschäfte und sogar Lederläden. Griffe für Geldbörsen können in Kunst-, Strick- und Stoffgeschäften aus verschiedenen Quellen bezogen werden. Es gibt geriffelte Griffe (wie das Paar, das in der Geldbörse verwendet wird) aus Kunststoff, Metall und Bambus. Leder und lederähnliche

Griffe bieten mehr Flexibilität. Und wieder können Sie die meisten dieser Dinge auch online finden.

Findings sind all die kleinen Teile, meist aus Metall, die zum Erstellen und Veredeln von Schmuckstücken oder anderen Accessoires verwendet werden. Einige der Ergebnisse werden verwendet, um die rohen Enden von Kordeln oder Geflechten zu bedecken, daher ist es wichtig, die richtige Größe und Form zu wählen. Bewahren Sie einen großen Satz Befunde in Ihrem Arbeitskasten auf, damit Sie verschiedene Stücke herstellen und fertigstellen können.

- Abschlussenden Diese Ergebnisse werden verwendet, um die Enden von geknüpften Zöpfen und Kordeln abzuschließen. Es gibt Jahr für Jahr eine wachsende Anzahl von Modellen, und die meisten sind in einer Vielzahl von metallischen Oberflächen erhältlich. Um bessere Ergebnisse zu erzielen, passen Sie die Kordel oder das Geflecht an die Innenmaße der Abschlussenden an. Viele Veredelungsenden enthalten einen Verschluss, aber wenn das nicht der Fall ist, sehen Sie unter Schmuckverschlüsse nach, welche Möglichkeiten Sie haben.
- Fadenenden Werden zum Veredeln einzelner Schnüre verwendet; einige Typen haben Laschen, die Sie mit

einer Zange über dem Faden befestigen; andere sind röhrenförmig und werden entweder mit Klebstoff oder mit einer inneren Quetschschlaufe verschlossen.

- Federenden Eine der älteren Fundtypen; diese können zylindrisch oder kegelförmig sein. Im Inneren der Drahtspule wird die Schnur oder das Geflecht eingeklemmt, dann wird mit einer Zange nur der Endring gequetscht, um ihn zu sichern.
- Die Endkegel Diese Ergebnisse, kegel- oder glockenförmig, können entweder oben ein Loch haben oder mit einer Schlaufe enden. Verwenden Sie Schmuckkleber, um das Geflecht in beiden Arten zu fixieren, um bessere Ergebnisse zu erzielen (siehe Allgemeine Techniken).
- Endkappen sind zylindrische, quadratische oder rechteckige Versionen von Endkonen, die entweder ein Loch an der Spitze haben oder mit einem Ring oder einer Schlaufe abschließen. Für eine bessere Leistung verwenden Sie Schmuckkleber, um das Geflecht in beiden Typen zu befestigen. In Allgemeine Techniken finden Sie Einzelheiten darüber, wie Sie eine einfache oder gewickelte Schnur befestigen.

- Bandkräuselungen Diese sind, wie der Name schon sagt, dazu gedacht, das rohe Ende des Bandes zu bedecken, können aber auch verwendet werden, um flache Zöpfe oder Kordeln fertigzustellen. Verwenden Sie eine Nylon-Zange, um die Bandkräuselungen über dem Geflecht zu schließen, um Beschädigungen zu vermeiden.

- Spezifische Schmuckfunde Diese sind die Grundbestandteile verschiedener Schmucktypen. Beide Befunde sind jetzt in verschiedenen Metalloberflächen wie z. B. antik erhältlich, so dass Sie die am besten geeignete Farbe auswählen können, die zu Ihrem Geflecht passt oder einen Kontrast bildet.
- Sprungringe Diese runden oder ovalen Ringe können mit Flachzapfen geöffnet und geschlossen werden, und sie können zum Binden von Objekten oder zum Hinzufügen anderer Befunde oder Befestigungen verwendet werden. Die kleineren Ringe, 4-6 mm, sind weniger anfällig als die größeren Ringe, sich zu öffnen.
- Geteilte Ringe. Diese bestehen aus einer harten Metallspirale (wie ein Schlüsselring), was sie sicherer macht als einen Springring. Sie können mit einer

Spaltringzange geöffnet werden, um sie zu anderen Ergebnissen hinzuzufügen.

- Kopfnadeln Diese Befunde aus geradem Draht werden für die Herstellung von Perlenanhängern mit einer einfachen oder gewickelten Schlaufe verwendet (siehe Allgemeine Techniken). Sie haben ein einfaches oder dekoratives Ende, um das Abfallen von Perlen zu vermeiden, und sind in verschiedenen Längen erhältlich. Kopfnadeln mit weichem Draht sind leichter zu handhaben.
- Ösenstifte Dies sind gerade Drahtstücke mit einer kreisförmigen Schlaufe an einem Ende, die es in verschiedenen Längen gibt. Sie werden hauptsächlich zum Aufbau von Perlenbändern oder zur Konstruktion einer Schlaufe mit einer Endkappe verwendet, die am Ende des Geflechts befestigt wird.
- Crimps Diese winzigen Donut-Formen oder Röhrchen, die normalerweise für Perlenschnurdraht verwendet werden, sind für Crimp-Klemmen versiegelt oder können mit Flachzangen leicht abgeflacht werden. Sie werden zum Absetzen von Perlen auf einfachem Draht oder auf dem verdoppelten Draht verwendet, um einen Springring oder eine Befestigung zu schützen.

- Kalotten Diese kleinen, gewölbten Fundstücke werden oft als Perlenspitzen bezeichnet und dienen zum einfachen Anbringen von Verschlüssen beim Auffädeln von Perlen. Die einfache Kalotte hat eine Einkerbung in einer Kuppel; eine Muschelkalotte mit dem Loch im Scharnier wird für zusätzlichen Schutz bevorzugt.
- Schmuckverschlüsse Verschiedene Materialien werden verwendet, um Schmuckstücke wie Halsketten, Armbänder, Ohrringe und Ringe zu fertigen. Ich habe ein paar Verschlusstypen herausgesucht, die sich für die Verwendung beim Stricken und Flechten eignen. Einige der Verschlüsse sind Endkappen (siehe Endverschlüsse), die mit einem Magnetverschluss in das Design eingefügt werden; ansonsten wählen Sie einen Stil, der zur Endkappe passt und das Geflecht in Farbe und Gewicht ergänzt.
- Toggle-Verschluss Dieser zweiteilige Verschluss ist mit einem T-Stück und einem Ring ausgestattet; drehen Sie das T-Stück auf die Seite, um es hinein- oder herauszuschieben. Als Designoption wählen Sie einen dekorativeren Look.

- Magnetverschlüsse Diese stilvollen Verschlüsse haben einen sehr starken Magneten in der Konstruktion. Sie eignen sich hervorragend zum Verschließen von Halsketten und Armbändern. Wenn Sie befürchten, dass sich das Glied löst, bringen Sie eine Schutzkette an.
- Karabinerverschluss Dieser preiswerte Verschluss mit einem Federverschluss ist ideal, um sowohl Armbänder als auch Halsketten fertigzustellen. Die Karabinerhaken und ein Schraubring sind in verschiedenen Ausführungen erhältlich.
- Mehrstrangverschlüsse Diese sind in verschiedenen Ausführungen erhältlich. Die Kastenform ist perfekt für Halsketten, und für Makramee- und andere Armbänder im Manschettenstil ist der Schieberverschluss geeignet. Wählen Sie je nach Projekt die Anzahl der Ringe an jeder Hand.
- Kunststoffverschlüsse Diese Kunststoffverschlüsse sind speziell für Knüpftechniken wie Makramee gedacht, da sie ein Stegende haben, um die Kordeln daran zu befestigen. Die Klammern sind in verschiedenen Größen und leuchtenden Farben erhältlich.

WERKZEUGE

Abgesehen von Kumihimo erfordern Knüpf- und Flechttechniken nur wenig spezielle Ausrüstung; tatsächlich werden die meisten Biber oder Handwerker wahrscheinlich bereits alle benötigten Werkzeuge in ihrer Arbeitskiste haben, so dass Sie sofort loslegen können sollten. Für Details darüber, was Sie brauchen, um mit Kumihimo loszulegen, lesen Sie bitte Kumihimo: Werkzeuge und Materialien.

Schmuck-Werkzeuge

Sie benötigen eine einfache Sammlung von drei Werkzeugen, um Zöpfe oder Knoten in Schmuckstücke zu verwandeln. Der

Kauf von qualitativ hochwertigen, feinen Werkzeugen lohnt sich immer, da diese Ihnen helfen, Aufgaben schnell und effizient zu erledigen. Vermeiden Sie jedoch Mini-Werkzeuge, da diese bei längerem Gebrauch Ihre Hände wund werden lassen.

Drahtschneider

Ich gebe in der Regel etwas mehr für Drahtschneider aus, weil sie das Leben viel einfacher machen. Wählen Sie Seitenschneider, oder idealerweise Bündigschneider, die den Draht oder die Kopfstifte zu einem geraden Ende schneiden. Achten Sie darauf, dass Sie mit der flachen Seite der Schneider in die Stelle hineinschneiden oder vom Schwanz wegschauen.

Rundzange

Diese Zange wird verwendet, um Draht- oder Headpins-Schlaufen herzustellen. Die Backen sind kegelförmig, so dass Sie die Schlaufengröße einstellen können, indem Sie mit kleinen Schlaufen in der Nähe der Oberseite der Backen und für größere Schlaufen in der Nähe der Unterseite arbeiten. Arbeiten Sie oft im gleichen Abstand nach unten, um gleich große Schlaufen zu machen; ich arbeite normalerweise etwa 6 mm (1⁄4 Zoll) von der Oberseite der Zange entfernt.

Sie werden zum Kontrollieren von Draht und Kopfstiften oder zum Öffnen und Schließen von Sprungringen verwendet. Achten Sie auf relativ glatte Oberflächen auf der Innenseite der Backen - Lochzangen aus dem Baumarkt sind ungeeignet, da sie nicht nur zu breit sind, sondern wahrscheinlich auch tiefe Griffzacken haben, die das Metall beschädigen. Zangen mit stumpfen Enden sind das Werkzeug für Arbeitspferde, aber Spitzzangen (Kettenzangen) mit verjüngten Backen erlauben es Ihnen, näher heranzukommen.

Spezialwerkzeuge Obwohl dieses Set nicht unbedingt erforderlich ist, hilft es Ihnen bei der professionellen Bearbeitung von Schmuck, daher sollten Sie die Investition in Erwägung ziehen, wenn Sie können.

Ritzel mit gebogener Spitze

Dies sind im Wesentlichen Spitzzangen mit einer rechtwinkligen Biegung in den Backen, die es Ihnen ermöglichen, in schwierige Positionen zu gelangen und Draht oder Kopfnadeln wie gewünscht in einem bequemeren Winkel zu halten.

Zange mit Nylonbacken

Diese Zangen haben ein weicheres Material, das die Metallbacken bedeckt, um Schäden an weicheren Drähten und Ergebnissen zu vermeiden. Es gibt sie als Rundzange oder Flachzange.

Crimpzange

Erhältlich in drei Größen - Mikro, Mittel und Makro - werden diese Zangen hauptsächlich zum sauberen Schließen von Crimps um den Perlenschnurfaden verwendet. Die Zange ist auf die Drahtstärke und die Größe der Quetschung abgestimmt.

Spaltring-Ritzel

Mit einer speziell angefertigten Spitze für das Öffnen von Spaltringen helfen diese mit Sicherheit, abgebrochene Nägel zu verhindern!

Ahle

Eine Ahle ist nützlich, um Kordeln und Litzen durch Metallfunde zu bewegen und zu lockern.

Kettelstifte

Wird über den Rand der Arbeitsfläche geklemmt und in einem gewissen Abstand zum Aufwickeln langer Kordeln aufgestellt.

Bestimmte Essentials

Diese Dinge finden Sie bereits in Ihrer Werkzeugkiste; sie werden beim Knüpfen und Flechten nützlich sein.

Schere

Halten Sie zwei oder drei verschiedene Scherentypen ausschließlich für das Schneiden von Fäden und Kordeln bereit und verwenden Sie sie nicht zum Schneiden von Papier, da die Klingen dabei sehr leicht brechen würden. Große Scheren eignen sich zum Ablängen von Fäden und

Kordeln, kleine Scheren mit scharfen Stellen sind gut zum glatten Abschneiden der Enden.

Nadeln

Es gibt alle Arten von Nadeln, die das Verarbeiten von Zöpfen und Knoten oder Fadenperlen erleichtern können.

- Nähnadeln Ein Satz Nähnadeln in verschiedenen Größen hilft Ihnen, Zöpfe durchzunähen oder Enden nach dem Wickeln zu sichern. Scharfe Nadeln haben eine winzige Hand, sind aber sehr robust und können zum Einfädeln kleiner Saatperlen in härtere Schnüre verwendet werden. Sticknadeln haben längere Ösen, um das Einfädeln zu erleichtern.
- Tapisserie-Nadeln Diese haben eine ziemlich stumpfe Spitze und ein großes Öhr und sind nützlich, um größere Perlen auf eine Kordel aufzufädeln oder um Knoten an Ort und Stelle zu manipulieren.
- Feine Perlennadeln werden verwendet, um Saatperlen und andere kleine Perlen an den Zöpfen zu befestigen oder um Verbindungsstellen zu überdecken. Für Saatperlen der Größe 11 und für Saatperlen der Größe 12 oder 13 ist eine Nadel der Größe 10 ideal. Halten Sie

einen guten Vorrat bereit, da vor allem die feineren Nadeln verbiegen und brechen können.

- Gedrehte Drahtnadeln Indem Sie den feinen Draht über die Backen einer Rundzange schlaufen und die Schwänze zusammenziehen, können Sie Ihren eigenen Bedarf herstellen. Alternativ kann man sie in verschiedenen Größen kaufen, um Perlen auf eine Kordel oder einen Faden aufzuschleifen oder um Schlaufen oder Kordeln zur Arbeit zu ziehen oder die Enden zu Zöpfen zu flechten.
- Nadeln mit großem Auge
- Diese langen Nadeln mit zwei Spitzen sind nützlich zum Auffädeln von Perlen auf mehrere Stränge feiner Fäden, aber vermeiden Sie es, Kordeln durch einen engen Raum zu ziehen, da die beiden feinen Stäbe, die die Nadel am verlöteten Ende trennen.

Stecknadeln Schneidernadeln Nützlich zum Markieren von Geflechten in einer bestimmten Länge, zum Absetzen von Perlen oder Verzierungen oder zum Positionieren von umwickelten Fäden.

Stecknadeln

Diese kurzen Stecknadeln mit Kugelenden sind ideal beim Arbeiten mit Makramee, um die Kordeln und Fäden zu schützen. Stecken Sie sie in eine Korkplatte oder einen Schaumstoffkernrahmen.

Kleber

Es gibt eine Reihe von verschiedenen Klebern, die zum Binden von Kordeln und Fäden sowie zum Herstellen von Schmuck und anderen Accessoires verwendet werden können. Wählen Sie den besten Klebstoff, der zu den Materialien passt, auf die Sie kleben möchten, und denken Sie daran, den Klebstoff 24 Stunden lang gut trocknen zu lassen, bevor Sie ihn verwenden.

Kleber wie G-S Hypo Cement und E6000 sind speziell für Schmuck hergestellt. Der Kleber formt sich, bleibt aber biegsam, so dass er mit der Zeit weniger leicht reißt und abbricht. Der G-S Hypo Cement hat eine feine Düse, die sich dazu eignet, eine kleine Menge für ein glattes Finish aufzutragen und dann einen Cocktail-Stick zu verwenden, um den Kleber aufzutragen.

Sekundenkleber

Diese Sekundenkleber können nützlich sein, da das Material nicht an Ort und Stelle bleiben soll, bevor der Kleber aushärtet. Es ist wahrscheinlicher, dass Sie die Gel-Version verwenden, daher ist es einfacher, konsistent zu sein, also fügen Sie eine kleine Menge hinzu. Seien Sie vorsichtig, da diese Kleber aus Cyanacrylat die Haut verkleben.

Epoxidharz

Ein Zweikomponentenkleber, der sich sehr gut zum Aufkleben von Schnüren auf Metallfunde eignet. Wischen Sie die Oberflächen vor dem Auftragen des Klebers mit einem Nagellackentferner ab, um fettige Fingerabdrücke zu entfernen. Ein 5-Minuten-Epoxidharz verkürzt die Trocknungszeit, und wenn es klar trocknet, ist es weniger wahrscheinlich, dass es sichtbar wird.

KAPITEL DREI
MACRAMÉ-KNOTEN

Im Gegensatz zu anderen geknüpften Geflechten, die üblicherweise mit der Hand gearbeitet werden, wird Makramee oft mit Stecknadeln oder einer Federklammer an der Arbeitsfläche befestigt. Der quadratische und der halbe Knoten mit drei oder vier Seilen sind schnell erlernt; danach können Sie zu mehrsträngigen Techniken und verschiedenen Arten der Verwendung des halben Knotens übergehen (siehe mehrsträngiges Makramee).

MACRAMÉ-KNOTEN

Es gibt drei grundlegende Knoten, die beim Makramee verwendet werden: der halbe Knoten, der viereckige Knoten und der halbe Stich, und diese können in verschiedenen Kombinationen verwendet werden, um eine Reihe von Effekten und Designs zu erzeugen. In diesem Abschnitt wird gezeigt, wie die beiden flachen Knoten - der halbe Knoten und der viereckige Knoten - geknüpft werden; siehe Multistrand-Makramee für den halben Stich, der eine andere Technik verwendet.

Halber Knoten

Der doppelte Halbknoten kann senkrecht, waagerecht, diagonal oder gebogen geknüpft werden. Normalerweise wird dieser Makramee-Knoten begonnen, indem die Materialien auf den Dübel gelegt werden; eine andere Methode ist, einen Überhandknoten in jede Kordel zu machen, die dann auf ein Knüpfbrett gelegt wird. Beim traditionellen horizontalen Doppel-Halbknoten wird eine horizontale Kordel über die baumelnden Stränge gelegt. Von links nach rechts wird dann das Ende der vertikalen Litze angehoben und ebenfalls über die horizontale Litze gelegt, wobei das Ende aus der entstehenden Schlaufe genommen wird.

Das genaue Ende der gleichen Kordel wird auf die gleiche Weise wieder angehoben. Bevor man zur nächsten Kordel kommt, wird jede Kordel zweimal geknotet. Dieser Knoten kann bei Hanf-, Silber- oder anderen faltbaren Schmuckbändern verwendet werden, ähnlich wie der Quadratknoten. Der Knoten des doppelten halben Riffs kann aneinandergereiht werden, um große Choker, Armbänder und Halsketten herzustellen.

Dabei handelt es sich um einen halben Riffknoten (siehe Knüpfgrundlagen), der in der gleichen Richtung wiederholt wird, so dass sich die Kordeln natürlich verdrehen. Hier wird er über zwei Kernschnüre gearbeitet; er kann auch über eine, drei oder mehr Kernschnüre gearbeitet werden.

1 Schneiden Sie die Kordeln wie unter "Kordellängen abschätzen" beschrieben ab und legen Sie sie so nebeneinander, dass die beiden kürzeren (Kern-)Kordeln in der Mitte liegen. *Führen Sie die rechte Kordel unter den Kernkordeln hindurch und über die linke Kordel.

2 Führen Sie die linke Kordel über die Kernkordeln und nach unten durch die rechte Schlaufe. Ziehen Sie an den Kordeln,

um den Knoten zu festigen. Wiederholen Sie den Vorgang ab * in Schritt 1, bis die Spirale die gewünschte Länge erreicht hat.

Quadratischer Knoten

Der Makramee-Knoten ist aus vier Stoffschlingen aufgebaut. Die vier Stränge liegen parallel zueinander, je nachdem, ob sie rechts oder links geknüpft werden, und der Knüpfer beschäftigt sich mit den beiden Knoten außen. Der ganz linke Strang liegt über und oberhalb der mittleren Stränge und unterhalb des ganz rechten Stranges. Die äußerste rechte Litze kreuzt und verläuft unter den beiden mittleren Litzen und über der linken Litze.

Außerdem sollte sich das Ende der rechtesten Litze jetzt auf der linken Seite befinden, das Ende für die am weitesten links liegende Litze sollte jetzt rechts sein. Das Ende des ganz rechten Strangs, jetzt von links, wird unter den beiden mittleren Fäden hindurchgeführt, und der ganz linke Strang am oberen Ende. Das Ende des ganz linken Fadens, oben an den mittleren Strängen von rechts und unter die Kante des ganz rechten Strangs. Die beiden Schnüre werden dann eng zusammengezogen und verschlossen.

Dieser Makramee-Knoten ist in vielen Teilen des Hanfschmucks zu finden. Die Kombination aus diesem Knoten und Variationen ergibt verschiedene Designs für Armbänder und Halsketten. Der quadratische Knoten kann auch verwendet werden, um Perlen und andere Steine durch die Halskette oder das Armband zu tragen. Dieser Knoten kann auch zusammen mit Hanf für Silberarmbänder, Manschetten, Ohrringe und Halsketten verwendet werden.

Dieser flache Knoten ist im Wesentlichen ein Riffknoten (quadratisch), der im Allgemeinen über zwei Kernschnüre gearbeitet wird, und die Grundtechnik kann leicht verwendet werden, um breitere Platten zu erstellen

1 Legen Sie die Seiten der Kordel so nebeneinander, dass die beiden kürzeren (Kern-)Kordeln in der Mitte liegen. *Machen Sie einen Halbknoten, indem Sie die rechte Kordel unter die Kernkordeln und über die linke Kordel führen. Führen Sie die linke Kordel über die Kernkordeln und führen Sie sie durch die Schlaufe auf der rechten Seite.

2 Kehren Sie den Vorgang um, indem Sie die linke Kordel unter die Kernkordeln und über die rechte Kordel führen. Nehmen Sie dann die rechte Kordel und führen Sie sie durch

die Schlaufe auf der linken Seite nach unten. Wiederholen Sie den Vorgang ab * in Schritt 1.

OVERHAND-KNOTEN

Der Überhand-Makrameknoten zeichnet sich als der am häufigsten verwendete Knoten zum Binden von Schnürsenkeln aus. Er wird erstellt, indem man eine Schnurschlaufe macht und ein Ende unter das Seil und dann durch die Schlaufe führt. Dann wird jedes Ende zugezogen. Wenn er mit Metall gemacht wird, kann die Form des Knotens als Anhänger für eine Halskette dienen; er kann auch verwendet werden, um Designs auf Naturfaserketten und Armbändern zu stoppen und zu beginnen.

MAKRAMEE BEDIENEN

Arbeiten Sie am besten auf einer Korkpinnwand oder einer Schaumstoffplatte, damit Sie kurze Stecknadeln zum Sichern der Schnüre verwenden können.

Mit einer Schlaufe beginnen

1 Falten Sie eine Kordellänge in der Hälfte und legen Sie eine Schlaufe über eine Stecknadel auf den Bildschirm. Sichern Sie die Kordelenden mit einer Federklammer an der Unterseite der Platte. Schieben Sie eine zweite Schnurlänge unter die Kernschnüre und knüpfen Sie einen Überhandknoten in der Mitte der Arbeitsschnur (siehe Grundlagen des Knüpfens).

2 Drehen Sie den Überhandknoten auf die Rückseite, um ein schöneres vorderes Ende zu erhalten, und fahren Sie mit der Prüfung des ersten Makrameeknotens fort.

Ausgehend von einem Ring

Verwenden Sie den Kopfknoten einer Lerche, um Kordeln mit einer Kette, einem Anhänger oder einer Befestigung zu verbinden, die bereit ist, das Makramee zu beginnen. Sie sollten ein weiteres Paar Schnüre hinzufügen, entweder nebeneinander oder verschachtelt (siehe Kopfknoten der Lerche). Verwenden Sie alternativ einen Überhandknoten, um das zweite Kordelpaar zu verbinden (siehe Mit einer Schlaufe beginnen, Schritt 2).

Vierkantknoten-Variationen

Der quadratische Knoten ist einer der häufigsten Knoten, die zur Herstellung von Makramee-Armbändern und anderen Paracord-Accessoires verwendet werden, und das resultierende flache Knotengeflecht ist als Salomon-Bar bekannt. Sie können mit verschiedenen Möglichkeiten spielen, den quadratischen Grundknoten zu manipulieren, um mehrere attraktive Variationen zu kreieren. Obwohl für die gezeigten Beispiele Paracord verwendet wird, können Sie mit dickeren oder dünneren Kordeln experimentieren, um Ihre Designs zu erstellen.

GEKREUZTE KORDE

Um einen Kreuzstich-Effekt zu erzielen, fügen Sie zu den Standardknotenschnüren eine kontrastierende Kordelfarbe hinzu, die auf der Rückseite ein Laufmaschenmuster aufweist.

1 Beginnen Sie mit einem Überhandknoten und arbeiten Sie einen quadratischen Knoten (siehe Makramee-Grundlagen); führen Sie die Enden einer Kontrastkordelfarbe durch den quadratischen Knoten unter den Kernkordeln hindurch, bis Sie den Knoten festziehen.

2 Kreuzen Sie die rechte Kontrastkordel über die linke und senken Sie die Kernkordeln auf beiden Seiten der Ohren.

3 Führen Sie die erste Hälfte des nächsten quadratischen Knotens durch: linke Kordel unter die Kernkordel und rechte Kordel, rechte Kordel über die Kernkordeln und nach unten in die Schlaufe auf der linken Seite.

4 Heben Sie die Kontrastkordeln über die Knoten an. Führen Sie die zweite Hälfte des quadratischen Knotens aus, dann nehmen Sie die rechte Kordel unter die Kontrastkordeln, aber über die Kernkordeln und die linke Kordel. Nehmen Sie die linke Kordel unter die Kontrastkordeln, aber über die Kernkordeln und nach unten durch die rechte Schlaufe.

5 Wiederholen Sie die Schritte 2-4 und setzen Sie die Kreuzfolge fort. Sie können jedes Mal die rechte Kordel über die linke kreuzen oder sich für einen weiteren Schlag abwechseln.

GEFLOCHTENER VIERKANTKNOTEN

Über die vier Grundfäden gearbeitet, ergibt dies einen gewebten Effekt in der Mitte des Geflechts. Befolgen Sie die

Etappenanweisungen genau, da die Kordeln nicht jedes Mal als einfacher quadratischer Knoten geknüpft werden.

1 Kneten und drehen Sie einen Überhandknoten (siehe Beginn mit einem Kreis, Schritt 2).

* Führen Sie die linke Kordel über die linke Kernkordel, unter die rechte Kernkordel und über die rechte Kordel. Führen Sie die rechte Kordel wie gezeigt unter allen Kordeln hindurch und durch die linke Schlaufe nach oben. Ziehen Sie die Enden nach oben in den Stand fest.

2 Nehmen Sie die rechte Kordel unter die rechte Kernkordel, über die linke Kernkordel und unter die linke Kordel. Dann die linke Kordel unter alle Kordeln und durch die rechte Schlaufe nach oben führen.

3 Wiederholen Sie den Vorgang ab * in Schritt 1, bis der Zopf die gewünschte Länge hat. Arbeiten Sie zum Abschluss einen regelmäßigen Knoten im Quadrat.

QUADRATKNOTEN-SENNIT

Der Sennit ist einfach eine wiederholte Reihe von Vierkantknoten oder eine fortlaufende Folge von Knoten.

Einfache Bänder oder andere ungedrehte geknüpfte Ketten sind oft Sennit mit quadratischem Knoten.

1. Abwechselnd linke und rechte Halbknoten binden Nachdem der erste quadratische Knoten gebunden wurde, ziehen Sie ihn fest und beginnen Sie, die quadratischen Knoten zu binden, bis Sie die gewünschte Länge erreicht haben.

2. Fahren Sie bis zur gewünschten Länge fort. Dies ist ein quadratischer Sennitknoten, der aus 3 vollständigen quadratischen Knoten und einem halben Knoten besteht. Denken Sie daran, dass sich auf der linken Seite des Sennits 3 Schlaufen und auf der rechten Seite 4 Schlaufen befinden. Da diese Knoten auf der linken Seite begonnen wurden, kann ich beim Verfolgen eines Musters von der linken Seite aus zählen, um die Anzahl meiner Knoten im Auge zu behalten. Auch die Schlaufen zeigen Ihnen, welche Schnur Sie als nächstes beginnen müssen, damit Sie Ihre Position nicht verlieren. In diesem Beispiel weiß ich, dass ich den nächsten Halbknoten auf der rechten Seite beginnen muss, indem ich auf den Sennit schaue und 4 Schlaufen auf der rechten Seite sehe. Damit ist der vierte quadratische Knoten fertig, der

ebenfalls vier Schlaufen auf der linken Seite hat, bis er fertig ist.

QUADRATKNOTEN MIT ABWECHSELNDEN FÜLLERN

Diese Knotenfolge ist ideal, um Perlen in Ihr Makramee-Projekt zu integrieren. Die Füllschnur wird hin- und hergeklappt, und das entstehende Muster ermöglicht es, Perlen in die Lücken zu setzen. Es handelt sich um eine einfache, aber sehr effektive Reihe, perfekt für alle Schmuckstile, Gürtel und Krawatten.

1. Wechseln Sie die Füllschnur für jeden quadratischen Knoten ab, um mit 4 Schnüren fortzufahren. Bedecken Sie Kordel 2 mit Klebeband und verwenden Sie Kordel 1 und 3, um einen Knoten im Quadrat zu machen. Legen Sie das Band auf Kordel 3 und verwenden Sie die Kordeln 2 und 4, um einen weiteren quadratischen Knoten zu machen. Legen Sie das Band wieder auf Kordel 2 und knüpfen Sie mit den Kordeln 1 und 3 einen weiteren quadratischen Knoten. Fahren Sie abwechselnd fort, bis die Solldauer erreicht ist.

Ignorieren Sie die Lücken, die sich mit den Schnüren 1 und 4 bilden und die ideale Stellen für das Hinzufügen von Perlen darstellen. Diese Knotenreihe ist die Grundlage für das Knopfarmband-Projekt auf Button and Beads Bracelet.

WECHSELNDER VIERKANTKNOTEN

Der alternierende quadratische Knoten wird häufig für dekorative Musterfüllflächen verwendet. Er bietet als Knotenmuster sehr viele Gestaltungsmöglichkeiten. Wenn er fest gebunden ist, kann er ein fast strickähnliches Gewebe erzeugen, das oft mit Stricken oder Häkeln verwechselt wird. Wenn es locker gebunden ist, fühlt es sich eher wie ein Netz an und sieht sehr spitzenmäßig aus. Und es kann mit einzelnen quadratischen Knoten oder Doppelknoten oder einigen Einzel- und einigen Doppelknoten beim Erstellen eines Musters hergestellt werden.

1. Beginnen Sie mit der ersten Reihe Schneiden Sie 4 Kordellängen, etwa 4′ lang (123 cm). Binden Sie diese mit den Kopfknoten der Lerche an eine Montagekordel. Sie haben nun 8 Kordeln zu verarbeiten. Sie sind mit 1-8

nummeriert. Befestigen Sie 2 und 3 mit Klebeband am Makramee-Brett und binden Sie 1 und 4 quadratische Knoten. Entfernen Sie das Klebeband von 2 und 3, befestigen Sie damit 6 und 7, und binden Sie 5 und 8 zu einem quadratischen Knoten.

2. Binden Sie abwechselnd die zweite Reihe. Vergewissern Sie sich, dass die Knoten alle fest sitzen, und passen Sie sie bei Bedarf an. Beginnen Sie die nächste Reihe, indem Sie 4 und 5 Kordeln sichern und 3 und 6 Kordeln verwenden, um einen weiteren quadratischen Knoten zu binden. Beachten Sie, dass das Muster bereits beginnt, Form anzunehmen.

3. Weiter bis zur gewünschten Länge Wiederholen Sie Schritt 1, um den nächsten Abschnitt zu beginnen. Ziehen Sie nach und passen Sie sie je nach Bedarf an. Sie können nun wirklich anfangen, eine Musterform zu betrachten. Beachten Sie die Flora, die sich in der Mitte der Knotenfolge entwickelt hat. Fahren Sie bis zur gewünschten Länge fort.

DOPPELTER HALBER STECHKNOTEN

Doppelter halber Stechknoten - bestehend aus mindestens vier Schnüren - wird in wiederholten Sennits verwendet, um eine perfekte visuelle Trennlinie als Gestaltungsmerkmal zu schaffen oder alternativ als Mittel, um separate Projektsegmente zu einer Einheit zu verbinden. Die Knoten werden um eine Füllschnur geknüpft, die ihre Position bestimmt und Elemente wie diagonale Linien, Rauten oder sogar Schnörkel bildet.

1. Knotensicherung über die Arbeitsschnüre legen Montieren Sie eine Befestigungsschnur mit mindestens 4-5 Schnüren mit den Lerchenkopfknoten, so dass 8-10 Arbeitsschnüre entstehen. Setzen Sie einen T-Stift direkt unter den Kopfknoten der ersten Lerche nach Schnur 1. Legen Sie 1 über alle anderen Kordeln. Dies ist der Träger des Knotens oder die Füllschnur. Die anderen Kordeln um sie herum würden dann jeweils einen Knoten haben. Der T-Stift hilft bei der Führung des Knotens.

2. BEGINNEN SIE EINEN HALBEN HAKENKNOTEN Wickeln Sie Schnur 2 mit einem halben HAKENKNOTEN um die Füllschnur, der über die Füllschnur und dann unter und durch die entstandene Schlaufe geht.

3. ZIEHEN SIE ALLES STRAFF Um ein gut positioniertes Designelement zu gewährleisten, ziehen Sie den ersten Knoten fest, während Sie die Füllerkordel straff halten.

4. VOLLENDEN DOPPELTEN HALBSTICH DURCH WIEDERHOLEN DES Knotens Wiederholen Sie mit der gleichen Kordel einen weiteren Halbstechknoten um die Füllerkordel.

5. DOPPELTER HALBSTÜCKKNOPF festziehen Der zweite Knoten stärkt und hält die Serie fest an ihrem Platz. Vergewissern Sie sich, dass alles fest und bequem sitzt, und ändern Sie ihn bei Bedarf.

6. FÜHREN Sie die Reihe der Kordeln fort, indem Sie mit jeder Kordel von links nach rechts einen doppelten Halbschlag knoten, bis Sie die Reihen komplettiert haben. Beachten Sie, dass die Spule gewachsen ist.

JOSEPHINE-KNOTEN

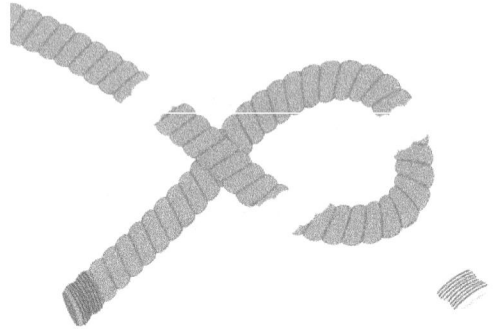

Dies ist mein persönlicher Favorit unter den Makramee-Knoten. Es ist ein süßer, dekorativer Knoten (mehr für die Ästhetik als für die Nützlichkeit). Die Ausführung dieses Knotens ist etwas komplizierter als die der anderen hier aufgeführten, aber das Endergebnis ist die Mühe wert.

1. Schlaufen Sie die ersten beiden Schnüre .Ein Josephine-Knoten wird am besten mit mehr als 2 Schnüren gemacht. In diesem Beispiel werden 4 Schnüre verwendet, wobei 2 Sätze auf den Kopfknoten der Lerche gelegt werden. Erstellen Sie mit den Schnüren 1 und 2 eine Schlaufe, die die Schnüre über sich selbst positioniert und die Schlaufe so platziert, dass sie dem Brettkern zugewandt ist. Die Schwanzenden der Schnüre zeigen nach unten zur Makramee-Brettkante.

2. Schieben Sie die restlichen Schnüre unter die Schlaufe Schieben Sie alle Schnüre 3 und 4 unter die aus den Schnüren 1 und 2 gebildete Schlaufe und über ihre Endstücke.

3. 3. Wickeln Sie die Kordeln über und unter die Kordeln 3 und 4, die nun unter 1 und 2 über die entstandene Schlaufe geführt werden.

4. Führen Sie die Schnüre 3 und 4 über die Oberseite der aus den Schnüren 1 und 2 gebildeten Schleife, dann in der Mitte der Schleife unter sich und durch die Schleife hinaus.

5. Beginnen Sie mit der Formung des Knotens. Ziehen Sie den Knoten vorsichtig an, wobei Sie die Position der Kordeln und die Struktur verändern.

6. Voller Knoten Der Josephine-Knoten, fest und voll, nimmt die gezeigte Form an.

QUADRATISCHES KNOTENMUSTER MIT ABWECHSELNDEN KNOTERN UND FÜLLERN

Diese quadratische Knotenvariante funktioniert gut in der Abfolge, um Riemen und Gürtel für Geldbörsen herzustellen.

Indem Sie die Knoten abwechselnd zu den Füllern und Knotern bewegen, können Sie den Materialverbrauch ausgleichen. Sie können dies auch verwenden, um Farbspiele in Ihr Makramee in Sequenz einzubauen. Wählen Sie einfach verschiedenfarbige Knoter und Füller und knüpfen Sie Ihre Knoten so, dass sie die Füller bedecken. Wenn Sie die Position des Kordelpaars tauschen, tauschen Sie auch die Farben.

1. Quadratischen Knoten anbringen und Kordeln drehen Verbinden Sie 2 Kordeln, um 4 Kordeln auf Ihrer Montagekordel zu erzeugen. Sichern Sie 2 und 3 Schnüre mit Klebeband und machen Sie 1 und 4 quadratische Knoten. Entfernen Sie die Abdeckung, und verwenden Sie die Abdeckung zum Schutz von 1 und 4.

2. ZWEITEN QUADRATISCHEN KNOCHEN ANBRINGEN Binden Sie einen weiteren quadratischen Knoten, diesmal mit den Schnüren 2 und 3. Drehen und verändern Sie Ihren Knoten, um sicherzustellen, dass Ihre Schnüre bequem und straff sind.

3. Wechseln Sie die Kordeln und wiederholen Sie den Vorgang Ersetzen Sie die Kordeln 2 und 3 wieder durch 1 und

4 und knüpfen Sie einen weiteren quadratischen Knoten. Achten Sie auf das Muster in der Reihe, die Formen.

Mehrsträngiges Makramee

Sie können Makramee mit viel mehr Kordeln arbeiten, um breitere Fransenbänder, einen Gürtel oder ein Manschettenarmband als die grundlegenden vier herzustellen. Multistrand-Makramee kann auch in der Runde verwendet werden, um Produkte wie Taschen oder Pflanzenhalter herzustellen. Allerdings müssen Sie bei mehr als vier Kordeln vorausplanen, das Design, die Anzahl der benötigten Kordeln und deren Befestigung ausarbeiten, um loslegen zu können.

ABWECHSELNDE QUADRATKNOTEN

Während Sie einen quadratischen Knoten über eine einzelne Kordel (insgesamt drei Kordeln) arbeiten können, ist es einfacher, mit einem Vielfachen von vier Basiskordeln zu arbeiten, um abwechselnd quadratische Knoten zu machen.

1 Richten Sie die Makramee-Kordeln ein - die doppelt gelegten Kordeln wurden hier auf ein Brett gepinnt. Binden Sie an jedes Kordelpaar eine zweite Kordel mit einem Überhandknoten und drehen Sie sie für ein schöneres Finish (siehe Makramee-Grundlagen: Mit einer Schlaufe beginnen).

2 Befestigen Sie die ersten vier Kordeln mit einem quadratischen Knoten (siehe Makramee-Grundlagen), dann binden Sie die nächsten vier Kordeln mit einem quadratischen Knoten. Arbeiten Sie sich durch die Schnüre, indem Sie an jeder Vierergruppe einen quadratischen Knoten binden, bis Sie das Ende der Schnur erreichen. Ziehen Sie die Knoten straff, damit sie sich nicht lösen.

3 Die Arbeitsschnüre der vorherigen Reihe sollen die Kernschnüre der nächsten Reihe sein und umgekehrt. Trennen Sie die ersten beiden Schnüre und befestigen Sie sie auf der rechten Seite. Trennen Sie die nächsten vier Kordeln und setzen Sie einen quadratischen Knoten.

4 Arbeiten Sie an jeder Gruppe von vier Schnüren über die Schnüre, die einen quadratischen Knoten bilden, bevor Sie die letzten beiden Schnüre auf der linken Seite treffen.

5 Sie nehmen die beiden Ersatzkordeln auf die nächste Seite. Arbeiten Sie die nächste Reihe wie die erste Reihe von rechts nach links, wobei Sie einen quadratischen Knoten auf den ersten vier Kordeln und auf allen vier Kordeln quer über die Reihe machen.

6 Wiederholen Sie das Verbindungsmuster in zwei Reihen, um eine Makramee-Linie zu bilden. Versuchen Sie, jedes Mal einen Knoten zu machen, um ein gleich großes Feld zu erhalten, und verwenden Sie Stecknadeln, um das Feld zu stabilisieren, während Sie nach unten arbeiten.

EINFACHER HALBSCHLAGSTRANG

Typischerweise werden die Halbmaschen paarweise über eine Seitenschnur gearbeitet, um eine dicke horizontale Rippe zu bilden, wie gezeigt.

1 Legen Sie eine der Außenschnüre waagerecht über die anderen Schnüre.

Bringen Sie die neue senkrechte Außenschnur über die waagerechte Schnur und wieder zurück auf die rechte Seite unter diese.

2 Bringen Sie dieselbe Kordel über die horizontale Kordel und führen Sie sie dieses Mal durch die Schlaufe auf die rechte Seite heraus. Wiederholen Sie die beiden Knoten der Reihe nach mit jeder der vertikalen Kordeln, um eine dicke Rippe zu bilden. Führen Sie die innere Kordel wieder über die vertikalen Kordeln, wenn Sie das Ende erreicht haben, und wiederholen Sie den Vorgang in umgekehrter Richtung.

SCHRÄGKANTEN-HALBRIPPE

Halbnähte werden oft verwendet, um Rahmen mit geformten Seiten zu bauen. Eine Seitenschnur wird hin und her geführt, um einen geraden Halbstepp zu arbeiten, aber wenn Sie aufeinanderfolgende Schnüre auf einer bestimmten Seite verwenden, wird die Kante stattdessen verdreht.

1 Stecken Sie die rechte Kordel über die anderen senkrechten Kordeln. Arbeiten Sie eine Reihe Halbmaschenrippe über diese Kernschnur, wobei Sie jede vertikale Schnur mit

doppelten Halbmaschen verbinden. Ziehen Sie die nächste rechte Kordel unter der Rippe hindurch. Arbeiten Sie eine Halbmaschenrippenreihe über die aktuelle Kernkordel mit einer doppelten Halbmasche auf der linken Seite über die vorherige Kernkordel.

2. Ziehen Sie die nächste rechte Kordel unter die Rippe und arbeiten Sie eine weitere halbe Maschenreihe - das Feld hat bereits begonnen, sich diagonal zu bilden. Denken Sie daran, am Ende jeder Reihe halbe Maschen über den vorherigen Kernfaden zu arbeiten.

3 Um die Richtung zu ändern, in der ein Makramee-Stück im Zickzack entsteht, nehmen Sie die aktuelle Kernkordel und stecken sie über die vertikalen Kordeln zurück auf die rechte Seite. Wiederholen Sie die Schritte 1 und 2, aber nehmen Sie jetzt die nächste Kordel auf der linken Seite, um jede Kette zu arbeiten.

Halbmaschenvariationen

Halbe Maschen für das diagonale Muster können in einem Winkel eingesetzt werden, und sie können sogar verwendet werden, um Formen wie Blätter und Blütenblätter zu erzeugen. Während die meisten Makramee-Techniken den doppelten Halbstich verwenden, können auch geknüpfte

Muster mit einfachen Halbstichen hergestellt werden (siehe Endless Falls).

DIAGONALE HALBNAHT

Bei einer horizontalen Rippe wird die Kernschnur gerade geknüpft. Wird die Kernschnur jedoch in einem Winkel geknüpft, entsteht eine diagonale Rippe.

1 Arbeiten Sie eine Halbnaht-Rippe über die Kordeln. Setzen Sie einen Stift an das Ende der Rippe. Wickeln Sie die seitliche (Kern-)Kordel im gewünschten Winkel um den Stift und über die senkrechte Kordel. Befestigen Sie eine Stecknadel, um die Kordel an ihrer Wurzel zu schützen.

2 Knüpfen Sie abwechselnd zwei halbe Stiche mit jeder vertikalen Schnur, um sicherzustellen, dass Sie die Rippe diagonal halten, während Sie die Knoten festziehen. Achten Sie darauf, dass die senkrechten Kordeln oberhalb der Rippendiagonale nicht zu locker oder zu fest sind und flach liegen.

3 Stecken Sie die Kernkordel diagonal in die entgegengesetzte Richtung, so dass ein Zickzack entsteht,

und arbeiten Sie an allen senkrechten Kordeln wieder halbe Stiche. Verwenden Sie am Ende der Reihe dieselbe Kernkordel, um noch einmal in die entgegengesetzte Richtung zu gehen.

PETAL-FORMEN

Mit ein wenig Vorausplanung lassen sich alle möglichen einfachen Formen mit Halbmaschenrippen entwickeln. Hier ist durch den Rippenwinkel und den Abstand eine Blütenform entstanden - nutzen Sie die Technik, um andere Muster auszuprobieren

1 Sichern Sie die rechte Kernkordel, führen Sie sie dann über die senkrechten Kordeln und verriegeln Sie sie, so dass die Kernkordel einen leichten Bogen nach oben hat. Arbeiten Sie mit halben Stichen entlang der Kordel, wobei Sie jeden Knoten wechseln, um die Kurve zu erhalten.

2 Biegen Sie die Kernkordel in einer Abwärtskurve nach links um den Stift und um die vertikalen Kordeln, um das Blütenblatt zu bilden. Knüpfen Sie halbe Stiche über die

mittlere Kordel, um die Form des Blütenblattes zu vervollständigen.

Halbe Maschen sind sehr plastisch, und die Technik eignet sich für Schmuckstücke, die sehr formal sind. Teile dieses schönen Makramee-Stücks mit hinzugefügten Perlen könnten als Anhänger oder Halsketten verwendet werden, aber so über einen Metallstab gelegt, wird es zu einer spektakulären Brosche oder Haarkette. Sehen Sie sich die Schritt-für-Schritt-Anleitung in Projects to do the Macramé Brooch an.

ENDLOSE FÄLLE

Dies ist die Bezeichnung für die erste der einfachen Halbschlag-Varianten, da sie das Aussehen eines Wasserfalls hat und die vertikalen Kordeln dazu neigen, überzulaufen und hinter die horizontalen, gekreuzten Kordeln zu fallen.

1 Falten Sie eine Kordel um einen Stift in der Hälfte, mit der U-förmigen Biegung an der Spitze. Legen Sie die zweite Kordel hinter sich und überkreuzen Sie von der Mitte aus die Enden, erst links, dann rechts, so dass sie sich überlappen.

2 Bringen Sie die senkrechten (blauen) Kordeln nacheinander nach oben, um hinter den überkreuzten (beigen) Kordeln einen Halbstegknoten zu machen, so dass die Enden zwischen den Knoten nach unten zeigen.

3 Führen Sie das Kreuzen der Kordeln und das Verbinden mit dem Halbschlagknoten durch, bis das Geflecht die erforderliche Länge hat. Ziehen Sie vorsichtig an den gekreuzten Kordeln, damit die Halbnähte sicher sind.

NEBENEINANDERLIEGENDE ENDLOSFÄLLE

Bei dieser Variante des endlosen Falls werden die beiden Kordelfarben auf eine etwas andere Weise miteinander verbunden, um einen kräftigen Streifen entlang der Länge zu erzeugen.

1 Machen Sie eine Schlaufe in der Mitte einer (blauen) Kordel, so dass das rechte Ende auf der linken Seite liegt. Legen Sie die zweite (beige) Schnur oberhalb des Kreuzungspunktes um den Kreis.

2 Binden Sie das rechte Ende der (blauen) Schnur um die Schlaufe und fädeln Sie dann die zweite (beige) Schnur in die neu geformte Schlaufe auf der rechten Seite ein. Um den

Schlupfknoten zu binden, entfernen Sie die erste (blaue) Kordel und ordnen die Kordelfarben abwechselnd an.

3 Arbeiten Sie wie beim Endless Dropping, so dass die vertikalen Farben auf jeder Seite des Geflechts unterschiedlich sind. Die Kordeln an der Kreuzung bewegen sich von Seite zu Seite.

ENDLOS-FALLEN MIT KETTENGLIEDERN

Die Endless Falls-Technik erzeugt eine andere Textur und ein anderes Muster, wenn Sie vier oder mehr vertikale Kordeln verwenden - arbeiten Sie nur mit einer geraden Anzahl von Kordeln.

1 Setzen Sie die Endless Falls-Arbeitsschritte 1 und 2 fort. Führen Sie eine dritte (braune) Kordel über die beiden Halbmaschen und über horizontale (beige) Kordeln von jeder Seite der gekreuzten Kordel nach unten. Ziehen Sie die gekreuzten Kordeln, um den Knoten fest zu machen.

2 Kreuzen Sie dann wieder die horizontalen (beigen) Schnüre, rechts über links. Funktionieren Sie Halbnähte für alle vier vertikalen Schnüre, indem Sie jede Schnur auf der rechten Seite der Halbnaht nach unten ziehen. Ziehen Sie die seitlichen Schnüre waagerecht, um den Knoten fest zu halten.

3 Wiederholen Sie Schritt 2, aber ziehen Sie diesmal die vertikalen Kordeln auf der linken Seite jeder halben Masche nach unten. Wiederholen Sie diese beiden Reihen, bis das Geflecht die gewünschte Länge erreicht hat, und senken Sie es am Ende wieder auf zwei halbe Maschen ab.

HINZUFÜGEN VON PERLEN ZU MAKRAMEE

Obwohl Makramee eine elegante, schmucklose Knüpftechnik ist, kann es leicht mit Perlen und Edelsteinen verschönert werden, um verschiedene Stile zu kreieren. Eine der gebräuchlichsten Techniken für verziertes Makramee sind Armbänder im Shamballa-Stil mit funkelnden Perlen, die in eine einzelne Reihe quadratischer Knoten eingesetzt werden.

PERLEN AN KERNSCHNÜREN ANBRINGEN

Anstatt die Perlen bei Bedarf einzeln anzubringen, ist es einfacher, alle Perlen auf einmal auf die Kernschnüre zu fädeln.

1 Funktionieren Sie den ersten Abschnitt des Makramees über einfache oder doppelte Kernschnüre, je nach Größe der Perlenöffnung. Bringen Sie den Stift an und befestigen Sie dann die Kordel mit einer Federklemme am unteren Ende der Platte.

2 Bewegen Sie die erste Perle bis zum letzten Knoten. Führen Sie beide Seiten der Perle an den Arbeitsschnüren nach unten und arbeiten Sie einen quadratischen Knoten darunter. Sie können einen oder mehrere Knoten in das Quadrat zwischen den Perlen arbeiten.

3 Arbeiten Sie weiterhin halbe Maschen, bis sich das Makramee verdreht, um die Arbeitsschnüre wieder an die Seiten zu bringen, bevor Sie eine Perle einfügen.

HINZUFÜGEN VON PERLEN ZU ARBEITSSCHNÜREN

Beim Anbringen von Perlen an den Arbeitsschnüren sollten die Perlen kleiner sein, da nur ein Strang der Schnur durch sie hindurchgeführt wird.

1 Fügen Sie während der Arbeit Perlen hinzu. Bringen Sie daher nur die benötigten Perlen an jedem Arbeitsstrang an, bevor Sie den nächsten Knoten machen.

2 Führen Sie den nächsten Makramee-Knoten wie zuvor um die Kernstränge aus. Bringen Sie nach jedem Knoten weiterhin Perlen an den äußeren Arbeitssträngen an.

HINZUFÜGEN VON STRASSSTEINEN

Der Strass- oder Diamantenbecherring, ein schlangenförmiger Streifen aus kleinen Kristallen in Fassungen, die mit kurzen Ketten verbunden sind, wird typischerweise zur Herstellung von exotischem Modeschmuck verwendet, da er teurere Diamanten imitiert.

1 Zwei kürzere Stränge für die Hauptkordeln und zwei lange Stränge für die Arbeitskordeln werden mit 1 mm Kabel verbunden. Stellen Sie einen Makramee-Abschnitt mit quadratischem Knoten her (siehe Makramee-Knoten: Quadratischer Knoten). Legen Sie die Kette mit den Strassbechern auf die Hauptschnüre.

2. Führen Sie die erste Hälfte eines quadratischen Knotens aus, eine linke Kordel unter den Kernkordeln und einer Kette

und dann eine rechte Kordel. Ziehen Sie die Kordeln zwischen die ersten beiden Strasssteine, so dass der Knoten liegt.

3 Arbeiten Sie die zweite Hälfte des viereckigen Knotens, eine rechte Kordel unter die Kernkordeln und ein Seil, dann über die linke Kordel, und ziehen Sie die Kordeln nach oben, sodass auch dieser Knoten zwischen den ersten beiden Strasssteinen liegt.

4 Wiederholen Sie die Schritte 2 und 3, um einen quadratischen Knoten zwischen jedem der Strasssteine zu arbeiten, bis die Länge der Kette vollständig ist. Beenden Sie die Arbeit mit einem Teil des ungeschminkten Quadratknoten-Makramees.

KAPITEL VIER

MAKRAMEE-PROJEKTE

MANSCHETTE MIT DOPPELTEM MÜNZKNOTEN

Doppelte Münzknoten werden normalerweise genau auf die gleiche Weise geknüpft, einer nach dem anderen, aber die Knoten liegen flacher, wenn man den Knotenanfang umkehrt, also links beginnt, dann rechts, und so weiter. Auf diese Weise entsteht ein verlockendes Muster aus langen Strängen, die sich um den oberen und unteren Rand der Manschette schlingen und sich mit den doppelten Münzknoten abwechseln.

Sie benötigen - 9 m (10 yds) 2 mm Lederband - 3 x 9 mm Innenmaß Endkappen Magnetverschluss

1 Schneiden Sie die Lederkordel in drei gleiche, 3 m (3⅓ yd) lange Stücke. Beziehen Sie sich auf Chinesische Knoten: Double Coin Knot (Doppelter Münzknoten), knüpfen Sie einen doppelten Münzknoten mit allen drei Strängen, indem Sie in der linken Hand mit einer Schlaufe im Uhrzeigersinn beginnen und das Arbeitsende (das rechte Ende) über den Faden nach unten ziehen. Schließen Sie den Knoten ab und machen Sie ihn fest, so dass die obere Schlaufe relativ breit ist und alle drei Stränge glatt und sauber ausgerichtet sind.

2 Machen Sie einen zweiten doppelten Münzknoten, indem Sie diesmal mit einer Schlaufe in der rechten Hand beginnen, das Arbeitsende (linkes Ende) durch die Schlaufe nach unten führen, um das andere Ende herumführen und zurückdoppeln, um den zweiten Knoten zu erstellen.

3 Befestigen Sie den zweiten Knoten, passen Sie die Position so an, dass der vorherige Knoten ziemlich nahe ist, sich aber nicht überlappt. Achten Sie darauf, dass keine der Schnüre verdreht ist und dass sie alle flach im Knoten liegen.

4 Fahren Sie damit fort, einen Doppelmünzknoten nach dem anderen zu knüpfen, und tauschen Sie jedes Mal die Ausgangsposition von einer Seite zur anderen.

5 Analysieren Sie die Länge der Manschette, bis Sie sechs Knoten gemacht haben. Passen Sie bei Bedarf den Abstand zwischen den einzelnen Knoten an, um die Befestigung zu ermöglichen.

Überlappen Sie die Kordeln nach dem letzten Knoten, so dass ein Kreis entsteht. Binden Sie die Kordeln entweder zusammen oder nähen Sie sie quer, um die Kordel flach zu halten, je nach dem Stil Ihrer Endkappe (siehe Fertigstellungstechniken). Schneiden Sie die Enden ab und verwenden Sie Epoxidharzkleber, um sie in den Endkappen zu fixieren.

WOHLSTANDSKNOTEN-GÜRTEL

Der Wohlstandsknoten ist ein breiter, flacher Knoten in Form eines Rechtecks, was ihn ideal zum Gürtel binden macht. Sie können nur zwei Knoten hintereinander knüpfen, aber wenn Sie dazwischen einen doppelten Münzknoten einfügen, bleibt der Gürtel flacher und Sie können ihn mit der Schnalle auf eine genauere Länge einstellen. Sie können zwischen den Knoten Perlen anbringen, um sie zu verschönern oder Anhänger an einer oder zwei Schlaufen aufhängen.

Sie benötigen - 8,5 m 2 mm Wachs-Baumwollkordel - 12 mm lange Schnalle - Kleines Stück Leder - E6000 Schmuckkleber

1 Falten Sie die Kordel in der Hälfte, um die Mitte zu finden, und knüpfen Sie in der Mitte einen doppelten Münzknoten, beginnend mit einer Schlaufe auf der linken Seite. Beziehen Sie sich auf Chinesische Knoten: Wohlstandsknoten wird ein etwas lockerer Wohlstandsknoten geknüpft. Befestigen Sie ihn, indem Sie alle überlappenden Kordeln nacheinander bis zum oberen Ende des Knotens hochziehen, bis unten zwei Schlaufen übrig sind.

2 Ziehen Sie durch die obere linke Kordel, um eine Seite der unteren Schlaufe nach oben zu ziehen. Wiederholen Sie den Vorgang auf der anderen Seite. Ziehen Sie dann nacheinander an den Schwänzen, um den Knoten fest zu machen.

3 Wiederholen Sie das Festziehen, falls erforderlich, um einen 12 mm (½ in) breiten, eng geflochtenen

Wohlstandsknoten zu erzeugen. Halten Sie den Knoten fest in zwei Händen zwischen Fingern und Daumen und bewegen Sie ihn sanft, um die Schnüre in einem noch stärker gewebten Muster auszurichten.

4 Binden Sie einen doppelten Münzknoten an den Schwänzen, diesmal beginnend mit einer Schlaufe auf der rechten Seite. Wenn der Knoten gebunden ist, ändern Sie die Position, so dass er dem Erfolgsknoten ähnelt, ihn aber nicht überlappt. Richten Sie ihn sorgfältig ein, da Sie ihn später nicht mehr ändern können.

5 Fahren Sie fort, alternative Stabilitäts- und Doppelknoten zu binden.

Denken Sie daran, die Seite, auf der die Startschlaufe liegt, abwechselnd mit der linken Schlaufe für den Wohlstandsknoten und der rechten Schlaufe für den Doppelmünzknoten zu versehen.

6 Hören Sie nach dem Binden des Wohlstandsknotens auf, wenn der Gürtel die entsprechende Länge hat, die eine Überlappung zulässt. Schlaufen Sie die Enden zweimal auf jeder Seite um die Gürtelschnalle, um die Lücke auszufüllen, und nähen Sie fest nach hinten.

7 Schneiden Sie ein 1 x 3 cm großes Lederband zu, um die Gürtelschlaufe zu erstellen.

Tragen Sie Klebstoff auf ein Ende des Lederstreifens auf und halten Sie ihn unterhalb der Schnalle über die vernähten Kordelenden. Schlaufen Sie den Streifen um den Gürtel, so dass er sich auf der gegenüberliegenden Seite überlappt und eine Schlaufe übrig bleibt, die breit genug ist, um durch das andere Ende des Gürtels zu führen. Tragen Sie Kleber auf den überlappenden Streifen auf und bleiben Sie dort, bis der Kleber versiegelt. Lassen Sie ihn vor der Verwendung 24 Stunden lang stehen.

SCHLANGENKNOTEN-RÜCKENKNOTEN

Diese Anleitung ist für einen ca. 40 cm langen Zopf gedacht, aber die Länge kann leicht angepasst werden: Sie benötigen 1,25 m elastische Schnur für jeweils 10 cm des fertigen Zopfes. Sie können das Geflecht glatt lassen oder mit Perlen verzieren. Da die elastische Kordel sehr steif ist und sich beim Einfädeln der Perlen nur schwer durchfädeln lässt, ist es viel einfacher, eine Gobelin-Nadel zu verwenden, um einen Weg für die feinere Nadel zu schaffen.

Sie benötigen - 5 m (5½ yd) 3 mm tealfarbene elastische Kordel - Swarovski Elements: XILION-Perlen 5328, 4 mm pacific opal und chrysolite opal, je 54 - Saatperlen 11 (2,2 mm) blau marmoriertes aqua und silberfarbenes Kristall - Nylon-Perlgarn - Perlennadel Größe 10 - Gobelin-Nadel - Zwei Endkappen mit 3 x 9 mm Innenmaß - Epoxidharzkleber

1 Schneiden Sie eine Länge von 45 cm (18 Zoll) unter Bezugnahme auf Geknüpfte Zöpfe ab: Schlangenknoten, arbeiten Sie den Zopf an Ihrem Schlangenknoten.

2 Binden Sie am Ende eines Nylonstücks (oder einer gleichwertigen Farbe) einen Knoten an einen Perlenfaden und fädeln Sie 10 Perlennadeln ein. Biegen Sie das Geflecht vom Ende her etwa 5 cm (2 in), sodass Sie das Muster der Kordel zwischen den Schlaufen auf einer Seite sehen können. Platzieren Sie die Nadel des Gobelins zwischen den beiden geraden Zopfstücken, die Sie sehen können.

3 Bewegen Sie die Nadel des Wandteppichs durch das Geflecht, um zwischen den Schlaufen auf der anderen Seite

herauszukommen. Lassen Sie die Nadel des Wandteppichs an Ort und Stelle; dies ist die Richtung, in der die feiner eingefädelte Nadel durch das Geflecht geht.

4 Halten Sie den Nylonfaden zwischen zwei seitlichen Schlaufen oberhalb der Nadel. Wählen Sie eine Aqua-Saatperle, einen Pacific Opal XILION, eine Aqua-Saatperle, eine Silber-Saatperle, einen Chrysolith-Opal XILION, eine Silber-Saatperle, eine Aqua-Saatperle, einen Pacific Opal XILION und eine Aqua-Saatperle.

5 Stecken Sie die Perlen schräg durch das Geflecht und nehmen Sie dann die Perlennadel neben der Gobelin-Nadel zurück. Entfernen Sie alle Nadeln gleichzeitig.

6 Ziehen Sie den Faden straff über das Geflecht, um die Perlen zu schützen. Fädeln Sie zwischen den nächsten Schlaufen die Gobelin-Nadel erneut durch das Geflecht, um eine weitere Reihe von Perlen anzubringen. Diesmal wird die Reihenfolge der XILIONS umgekehrt, indem zwei Opal Chrysolith und ein Opal Pacific hinzugefügt werden.

7 Wiederholen Sie den Vorgang, um weitere Perlenreihen hinzuzufügen, und halten Sie dabei in einem Abstand von ca. 5 cm vom Ende des Geflechts an. Nähen Sie die Enden des Fadens fest ein.

8 Schneiden Sie die Kordel auf die gleiche Länge zu, lassen Sie dabei die Schwänze etwa 2 cm lang. Mischen Sie etwas Epoxidharzkleber an und stecken Sie einen Cocktailstab in eine Endkappe. Stecken Sie zwei der Kordelenden in die Endkappe und drücken Sie die restliche Kordel mit einem Cocktailspieß (oder einer Ahle) fest. Wiederholen Sie den Vorgang am anderen Ende, um eine Endkappe hinzuzufügen, und lassen Sie sie trocknen.

SWITCHBACK-ARMBAND

Dieses Armband ist kein festes Muster und kann mit verschiedenen Knüpftechniken in Ihrer eigenen Kombination hergestellt werden. Arbeiten Sie ca. 51 cm, um Ihr Handgelenk dreimal zu umwickeln, und überprüfen Sie die Positionierung der Perlen auf dem Armband, da sie oben und nicht unten liegen sollten.

Sie benötigen - 1,25 m (1½ yd) 1 mm perlweißes Lederband - 3 m (3¼ yd) je 1 mm und 1,5 mm braunes Wachsbaumwollband - 5 m (5½ yd) SuperlonTM Tex 400 (0,9 mm) - Swarovski Elements: Quadratische Miniperlen, acht 6 mm helle Seide - Doppelte Delica (Größe 8) Saatperlen, ca. 50 dunkeltopasfarbene Regenbogen 103 - Metallknopf - E6000 Schmuckkleber oder Epoxidharzkleber - Pinboa 1 Um Beschädigungen des perlierten Leders zu vermeiden, verwenden Sie den Kopfknoten einer Lerche, um ein kurzes Stück Restkordel zu umschlingen, und befestigen Sie es an einer Pinnwand oder Arbeitsfläche.

2 Verwenden Sie die 1,5-mm-Wachsbaumwollkordel und arbeiten Sie unter Bezugnahme auf die Switchback-Geflechte: Einzelne Kordel Switchback-Geflecht 8 cm (3 Zoll) Standard-Switchback-Geflecht über den Lederfaden. Passen Sie die Schlaufengröße nach etwa 2,5 cm (1 in) an den Knopf an, den Sie für das Armband verwenden, und fahren Sie dann fort.

3 Picken Sie an jedem Ende der Lederkette 14 Doppelzacken. Lassen Sie eines der Enden der Wachsbaumwollkordel fallen und arbeiten Sie den genähten Switchback (siehe Switchback-Borten: Genähtes Switchback-Band), indem Sie Perlen zwischen die Knoten drücken und sie beim Binden des nächsten Knotens fixieren.

4 Gehen Sie zur SuperlonTM Tex-Creme über und arbeiten Sie eine Standard-Switchback-Dauer von 8 cm (3 Zoll).

Arbeiten Sie die erste Hälfte eines quadratischen Knotens in Makramee (siehe Makramee: Makramee-Knoten). Nehmen Sie einen quadratischen Miniknoten an einer Schnur und führen Sie die andere Schnur in der entgegengesetzten Richtung durch die Öffnung.

5 Binden Sie einen quadratischen Knoten an beide Schnüre, so dass die Perle flach liegt. Fügen Sie sieben weitere Mini-Perlen hinzu, nachdem Sie jeweils einen quadratischen Knoten gebunden haben. Führen Sie weitere 2,5 cm (1 Zoll) des cremefarbenen Switchback aus.

6 Arbeiten Sie die zweite Hälfte des Armbands mit verschiedenen Kordeldicken weiter, gehen Sie von normalem Switchback zu genähtem Switchback, doppelten zarten Perlen oder arbeiten Sie Längen ohne Perlen, wenn Sie möchten. Beenden Sie die Arbeit mit der 1-mm-Wachskordel mit einer Länge des Standard-Switchbacks.

7 Testen Sie das Gewicht, dann binden Sie den Knopf an das Ende der Lederkordel; schneiden Sie das Leder zu und verwenden Sie Epoxidharz oder E6000-Schmuckkleber, um die Rückseite des Knopfes zu verkleben.

STRASS-ARMBÄNDER

Mikro-Makramee, das mit einem feinen Knüpffaden gearbeitet wird, eignet sich hervorragend zur Herstellung von zartem Schmuck. Um ein einfaches Perlenarmband anzufertigen, können Sie Saatperlen an den äußeren Kordeln befestigen oder ein wenig Bling hinzufügen, indem Sie die Kordeln um den Strassbecherring knoten.

Sie benötigen - 11 cm 4 mm (gedehnte) Strassbecherkette - 2,5 m 1 mm Nylon-Knotenschnur - E6000 Schmuckkleber - Pinnwand und Kartennadeln (optional) 1 Schneiden Sie eine Länge von 50 cm von der Knotenschnur ab und falten Sie beide Stücke in der Hälfte.

1 Stecken oder kleben Sie die kurze Länge mit der Schlaufe nach oben auf die Arbeitsfläche. Binden Sie das längere Stück der Kordel mit einem Überhandknoten um das kurze Ende.

2 Führen Sie 3 cm (1 1/8) "quadratische Knoten für ein 17,5 cm (7 in) langes Armband aus (siehe Macramé-Grundlagen: Macramé-Knoten). Befestigen Sie eine Stecknadel oder ein Band, um die Knoten unten zu fixieren.

3 Legen Sie die Länge der Becherkette über die Fäden von zwei Kordeln. Arbeiten Sie einen quadratischen Knoten über die Becherkette zwischen jedem Strassstein (siehe Hinzufügen von Perlen zu Makramee: Hinzufügen von Strasssteinen). Schauen Sie sich die Oberseite des vorherigen quadratischen Knotens an, um zu sehen, wo sich der Steg befindet: Wenn er sich auf der rechten Seite befindet, beginnen Sie den nächsten quadratischen Knoten mit der rechten Kordel; wenn er sich auf der linken Seite befindet, beginnen Sie mit der linken Kordel. Fahren Sie damit fort, zwischen jedem Strassstein einen quadratischen Knoten zu arbeiten, wobei Sie die Seite wechseln, auf der Sie den Knoten beginnen, damit die Knoten an ihrem Platz bleiben.

4 Beenden Sie das Makramee mit einem quadratischen Knotensegment von 3 cm (1 1/8 in) oder arbeiten Sie entlang der Länge, um das andere Ende anzupassen. Überprüfen Sie die Länge des Armbands und ändern Sie sie bei Bedarf. Funktionieren Sie einen Zweistrangknoten über zwei Stränge, und fädeln Sie die Stränge paarweise ein (siehe Chinesische Knoten: Knopfknoten). Verstärken Sie den Knopfknoten allmählich, indem Sie die Schnüre durchziehen, so dass er etwa 3-5 mm (1/8-1/4 in) von den quadratischen Knoten entfernt sitzt.

5 Geben Sie etwas Kleber auf die Innenseite des Knopfknotens, wo die Kordeln in der Mitte erscheinen, und schneiden Sie die Kordeln ab, bis der Kleber getrocknet ist. Testen Sie, ob die Schlaufe am gegenüberliegenden Ende des Armbands gut über den Knotenring läuft. Sie können sich ein wenig bewegen, indem Sie die mittleren Kernschnüre des Makrameeknotens nach unten oder oben ziehen. Um die Schlaufe auf die passende Größe zu bringen, tragen Sie auf der Rückseite etwas Kleber auf.

Perlenmakramee-Armband Beginnen Sie das Armband genau wie das Strassarmband, und nehmen Sie anstelle der Becherkette im mittleren Abschnitt eine Saatperle der Größe 6 (3,5 mm) auf jeder äußeren Kordel auf und knüpfen Sie den nächsten quadratischen Knoten (siehe Hinzufügen von Perlen zu Makramee: Hinzufügen von Perlen zur Arbeitskordel). Für ein 17,5 cm langes Armband werden 20 Saatperlen benötigt.

MACRAMÉ-BROOCH

Makramee wird oft als ein sehr einfaches, klobiges Knüpfwerkzeug angesehen, aber es verwandelt sich in ein elegantes Mikro-Makramee, wenn es in feinen Kordeln verwendet wird. Um einen Regenbogeneffekt durch diese schöne Brosche zu erzielen, wählen Sie passende Farben.

Sie benötigen - je 1,5 m (1¾ yd) SuperlonTM -Kordel in Violett, Flieder, Koralle, Hellgrau und Altrosa - 20 cm (8 in) 1 mm (19swg) halbharter Sterlingsilberdraht - Saatperlen: Größe 6 (3. 5 mm) in mattem Silber, Größe 10 (2 mm) in Pfirsich, Größe 11 (2,2 mm) in silberfarbenem Kristall und schickem Himbeer-Goldglanz - UltrasuedeTM 10 cm (4 in) im Quadrat - Broschenrückseite - Schmuckwerkzeuge - Chasinine-Werkzeuge -

1 Legen Sie die SuperlonTM -Kordeln bereit: Rot, Lila, Koralle, Hellblau und Altrosa.

2 Nehmen Sie auf eine lilafarbene Kordel eine mit Silber unterlegte Kristallkernperle und lassen Sie sie in die Mitte fallen. Falten Sie die Kordel in der Hälfte und legen Sie sie auf einer Seite des "V" über das Kabel. Führen Sie die Schwänze über den Draht und durch die Schlaufe zurück, um

den Kopfknoten einer umgekehrten Lerche zu bilden (Knüpfgrundlagen: Einfache Knoten).

3 Arbeiten Sie auf beiden Seiten eines Halbknotens (siehe Makramee-Grundlagen: Makramee-Knoten). Wiederholen Sie mit den anderen farbigen Kordeln die Maßnahmen 2 und 3 und fügen Sie jedes Mal eine Perle hinzu.

4 Legen Sie den Umriss der Kordel auf die Grundplatte des Schaumstoffs, und bringen Sie das Band in Position.

* Bringen Sie die fliederfarbene Endkordel parallel zum Kabel an. Wirken Sie mit jeder Kordel wie ein doppelter Halbschlag

5 Setzen Sie einen Kartenstift an das Ende des Seils, dann führen Sie die lila Endkordel in einem leichten Winkel um die senkrechte Kordel zurück. Sichern Sie mit Klebeband oder einer Feder. Arbeiten Sie mit den zartrosa Kordeln und der ersten grauen Kordel in doppelter Halbmasche. Nehmen Sie auf dem nächsten grauen Faden eine pfirsichfarbene Saatperle auf und arbeiten Sie erneut doppelte Halbmaschen.

6 Arbeiten Sie mit der ersten korallenfarbenen Kordel doppelte halbe Maschen, nehmen Sie dann auf der nächsten korallenfarbenen Kordel zwei silberfarbene Kristallkernperlen auf; sichern Sie sie mit doppelten halben Maschen. Nehmen Sie auf dem ersten fliederfarbenen Faden drei smaragdgrüne Himbeer-Goldglanz-Saatperlen auf und sichern Sie sie wieder mit doppelten Halbmaschen.

7 Arbeiten Sie auf dem nächsten fliederfarbenen Faden doppelte Halbmaschen, bevor Sie auf dem verbleibenden fliederfarbenen Faden 6 matte Silber- und Silberkristallperlen anbringen. Führen Sie die letzte halbe Masche des Paares aus.

8 Wiederholen Sie den Vorgang ab * in Schritt 4 je nach Spannung sechs- oder siebenmal, bevor der Makramee-Halbkreis umläuft und wieder den Faden berührt. Nehmen Sie die violette Kordel wieder zur Außenkante und arbeiten Sie eine gerade Halbmasche. Führen Sie bei jeder Kordel doppelte Halbmaschen über den Draht aus.

9 Stecken Sie alle Kordelschwänze des silbernen Drahts dahinter. Nehmen Sie auf die erste zartrosa Kordel zwei silberfarbene Kristalle, eine matte silberne Saatperle Größe 6 und zwei silberfarbene Kristalle auf. Funktionieren Sie auf der anderen Seite der Draht-"V"-Form einen doppelten Halbhaken. Die nächste zartrosa Kordel wird ohne Perlen befestigt.

10 Wiederholen Sie den Vorgang an den beiden grauen Kordeln und arbeiten Sie dann den Draht nach unten, wobei Sie an der ersten Kordel jeder Farbe Perlen einfügen und die Anzahl der mit Silber unterlegten Perlen verringern, wenn der Abstand zwischen den Drähten kleiner wird.

11 Arbeiten Sie einen Halbkreis in Makramee, der zur ersten Kordel passt, und schließen Sie ihn mit einer Halbmaschen-Rippe gerade ab. Arbeiten Sie die erste Kordel mit einer doppelten halben Masche und fügen Sie einen silberfarbenen Kristall hinzu. Um die Perle zu sichern, arbeiten Sie eine

weitere doppelte Halbmasche mit demselben Faden. Wiederholen Sie den Vorgang mit jeder Kordel in Sekunden.

12 Falten Sie die Kordel über die Rückseite des Makramees und fädeln Sie mit kleinen Stichen unsichtbar ein. Schneiden Sie sparsam. Schneiden Sie UltrasuedeTM unsichtbar um die Kante herum zu, sodass jeder Halbkreis und jede Masche passt.

13 Stricken Sie eine Brosche auf der Rückseite der Brosche, indem Sie auf der rechten Seite gerade durchnähen und dann auf die Rückseite zurückgehen, sodass die kleine Masche zwischen den Makramee-Knoten verdeckt ist. Nähen Sie die Enden fest ein.

MAKRAMEE-FEDERN

Lassen Sie uns lernen, wie man Federn in DIY-Makramee macht! Diese Federn sehen so cool aus und brauchen absolut keine Zeit, sobald Sie den Dreh raus haben.

Machen Sie sie zu einem einzelnen Dekorationsstück, oder fädeln Sie sie an einem interessanten Stock in Ihrem Garten auf, um eine hängende Boho-Wand zu machen!

Benötigte Materialien:

Makramee-Schnüre

Scharfe Schere

Versteifungsspray

Drahtbürste

Maßband

Benötigte Materialien für Makramee-Federn Halten Sie Ihre Schnüre geordnet und nach Gewicht geordnet. Sehen Sie - sie zwinkern Ihnen zu!

Schneiden Sie folgende Kordellängen ab: Große Feder - 1 - 24″ Stück Zoll, 10 - 12″ Stück Zoll, 10 - 10″ Stück, 10 - 8″ Stück (31 Kordeln insgesamt) Kleine Federn - 1 - 12″ Stück Zoll, 6 - 6″ Stück Zoll, 4 - 4″ Stück, 4 - 3″ Stück (15 Kordeln insgesamt) Wenn Sie die Feder betrachten - sie ist an der Basis etwas breiter und zu den Rändern hin dünner. Wir beginnen also mit den längsten Kordeln, gehen dann zu den mittleren Kordeln über und schließen mit den kleinsten Kordeln ab.

1 Nehmen Sie zunächst Ihre längste Kordel und falten Sie sie in der Hälfte. Dies ist das 24″-Stück, für die große Feder. Dies ist das 12″-Stück, für die kleinen Federn. Dieses lange Stück ist das "Rückgrat" unserer Feder. Nehmen Sie dann eine Ihrer längsten Schnüre und falten Sie sie in der Hälfte.

Legen Sie sie senkrecht nach rechts unter das Rückgrat Ihrer Feder.

2 Nehmen Sie eine weitere lange Schnur und falten Sie sie in der Hälfte. Ziehen Sie den Teil der Schlaufe durch die erste Kordel, die Sie hingelegt haben (nicht das Rückgrat). Ziehen Sie sie durch Ihre Feder über den Rücken.

3 Nehmen Sie die ersten Kordelenden und ziehen Sie sie durch die zweite Kordelschlaufe. Ich hoffe, das macht Sinn!

4 Ziehen Sie die Kordeln nun zu! Juhuuuu! Sie haben Ihren Wirbelsäulenknoten zum ersten Mal gemacht.

5 Jetzt wiederholen wir die Schritte 1-4, aber wir wechseln die Seiten. Nehmen Sie eine der längsten Schnüre und teilen Sie sie in der Mitte. Legen Sie Ihre Schlaufe (statt der rechten) auf die linke Seite.

6 Nehmen Sie nun einen weiteren Faden, falten Sie ihn zur Hälfte und führen Sie ihn nach links durch die Schlaufe. Ziehen Sie die Enden nach oben, und diese Schlaufe herum.

7 Ziehen Sie jede Kordel zu, wobei Sie die Seiten abwechselnd halten - rechts, links, rechts, links usw. Wenn alle längsten Kordeln verbraucht sind, wenden Sie sich den mittleren

Kordeln zu, wobei Sie die gleiche Methode anwenden. Wechseln Sie dann zu Ihren kleinsten Kordeln.

8 Verwenden Sie alle Ihre Schnüre und bürsten Sie sie mit Ihrer Drahtbürste aus, um die Stränge zu bilden. Behalten Sie dabei den Stachel bei, damit keine Stränge abgezogen werden.

Tipp: Wenn Sie feststellen, dass der Stachel noch sehr lange gedehnt wird, können Sie ihn nur noch weiter abschneiden.

Sie können die Kordeln auch erst mit den Fingern entwirren. Ich habe sie ausgebürstet, damit ich auf einem alten Handtuch keine Oberflächen zerkratzt habe. Um diese schönen Strähnen zu bekommen, musste ich ziemlich stark bürsten!

Drehen Sie die Feder um und reinigen Sie beide Seiten, um sicherzustellen, dass die Kordeln alle ausgebürstet sind.

Bürsten Sie die Kordel für die Fransen aus Schritt

9 Nehmen Sie die Schere und schneiden Sie die Feder ab, nachdem Sie sie ausgebürstet haben.

Schritt 10 Besprühen Sie die Feder mit Versteifungsspray, um die Feder zu versteifen, damit sie flach liegen kann, während sie hängt.

Folgen Sie diesem Verfahren, um die Federn kleiner zu machen, oder was auch immer Sie wollen!

Diese DIY-Makrame-Federn können auch für die Gestaltung einer schönen hängenden Wand verwendet werden. Nehmen Sie einfach einen Dübel oder Stock und binden Sie die versteiften Federn fest. Für einen Wandbehang müssen Sie sie allerdings aufrichten; die Federn wären dann zu flauschig.

Sie könnten auch ein cooles gerahmtes Bild aus ihnen basteln, was ich auch vorhabe! Kleben Sie die Federn auf ein Stück Schaumstoffplatte oder dicken Cardstock und rahmen Sie sie ein. Darüber werde ich bald einen Beitrag schreiben, wenn ich alles ausgearbeitet habe. Im Moment spreche ich nur laut.

MAKRAMEE-WANDBEHANG

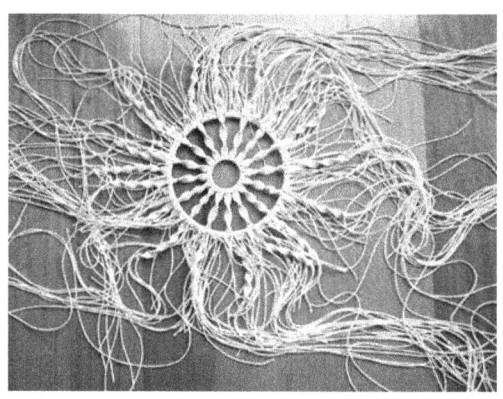

Benötigte Materialien

Makramee-Seil - ich habe dieses 4 mm-Seil verwendet - Schnüre (zwölf) 12 - 16'' (wie in Fuß) werden benötigt. Beachten Sie, dass dies eine lange hängende Wand ist, weshalb wir längere Kordeln benötigen. Außerdem benötigen Sie 1 kürzeres Stück Schnur, das als Aufhänger dient. Binden Sie es dort nur mit einem einfachen Knoten an beiden Enden fest.

Ein Dübel oder eine Schnur - ich habe eine lange Stricknadel (haha) verwendet. Solange es klar und stabil ist und solange Sie mit dem arbeiten müssen, was Sie haben!

Ich bin so aufgeregt, Ihnen dieses erste Makramee-Projekt zu präsentieren. Dieses Wandbehang-Muster wurde mit den folgenden einfachen Makramee-Knoten gemacht: Der Kopfknoten der umgekehrten Lerche Hier ist die Schritt-für-Schritt-Anleitung für das Aufhängen dieser Wand.

Das erste, was Sie tun möchten, ist, etwas Schnur um das Ende Ihres Dübels zu binden. Dies wird der Aufhänger für unser Projekt sein. Eine Makramee-Wand zu hängen, während sie steht, ist viel besser als flach zu sitzen. Sie können ihn an Schrankknöpfen, Türknäufen, einem Kranzaufhänger oder sogar einem Aufhänger für Bilder aufhängen. Achten Sie nur darauf, dass dieser stabil ist!

Beginnen Sie damit, die 16' Kordeln in der Hälfte zu falten. Achten Sie darauf, dass die Enden gleichmäßig sind.

Legen Sie die Kordelschlaufe unter Ihren Dübel und fädeln Sie die Enden der Schnur durch die Schlaufe. Ziehen Sie fest. Das ist der Kopfknoten Ihrer ersten Reverse Lark. (Für Hilfe siehe einfache Makrameeknoten).

Wiederholen Sie Schritt Nr. 3 mit den verbleibenden 11 Kordeln. Jetzt sollte es so aussehen wie auf dem obigen Foto.

Erlauben Sie die ersten 2 Reihen von Quadratknoten. (Für Hilfe siehe einfache Makrameeknoten).

Machen Sie nun 2 Reihen abwechselnd quadratische Knoten.

Machen Sie nun weitere 2 Reihen Quadratische Knoten.

Folgen Sie diesem Muster (2 Reihen Quadratknoten, 2 Reihen alternierende Quadratknoten), bis Sie insgesamt 10 Reihen haben.

Arbeiten Sie von links nach rechts - machen Sie doppelte halbe Steppknoten in einem diagonalen Muster um Ihr Stück.

Arbeiten Sie nun von rechts nach links - machen Sie doppelte halbe Steppknoten in einem diagonalen Muster um Ihr Werkstück.

Sie sollten von links nach hinten arbeiten!

Beginnen Sie mit 2 Reihen quadratischer Knoten und dann mit 2 Reihen abwechselnder quadratischer Knoten, bis Sie insgesamt 4 Reihen haben.

Wir werden die hängende Wand mit einer Reihe von Spiralknoten abschließen - was im Grunde nur eine Abfolge von halben quadratischen Knoten (oder linksseitigen quadratischen Knoten) ist. (Schließen Sie die rechte Seite des quadratischen Knotens nicht ab, sondern machen Sie nur konsequent die linksseitigen quadratischen Knoten, und es wird eine Spirale entstehen). (Siehe einfache Makramee-Knoten für Hilfe).

Um die Spirale zu bilden, habe ich insgesamt 13 halbe quadratische Knoten gemacht.

Zum Schluss habe ich die Kordeln an den Kanten auf eine gerade Linie geschnitten.

Die Gesamtmaße sind 6,5″ breit und 34" lang für meinen Wandbehang.

ORNAMENT-QUASTEN

Benötigte Materialien:

Kleine Holzringe - wenn Sie diese herumliegen haben, können Sie auch etwas Draht zu einem Kreis biegen.

Makramee-Kordel - ich war auf der Suche nach etwas dickeren Quasten, also habe ich eine 5 mm Kordel gewählt. Verwenden Sie eine dünnere Kordel, wenn Sie etwas Glatteres und Kleineres wollen.

Schere

Drahtbürste für Fransen - ich verwende eine Tierbürste wie diese Schnur oder Jute vom Bäcker - zum Aufhängen!

Makramee-Quaste, die am Schrankknopf hängt

Ein Spiral-Knoten ist genau wie ein quadratischer Knoten, aber wenn das Sinn macht, arbeiten Sie nur eine Seite oder einen halben quadratischen Knoten. Sie vollenden keinen ganzen Knoten im Quadrat. Sie wiederholen nur eine Folge dieser halbquadratischen Knoten, und schon haben Sie einen Spiralknoten.

Die Maße sind hier aufgeschlüsselt. Schneiden Sie zwei Kordelstücke in der Länge von je 48

Verwenden Sie Lerchenkopfknoten, um Ihre Kordeln am Holzrahmen zu befestigen.

Sie werden vier Kordeln darin haben. Machen Sie Ihre Spiralknoten und gehen Sie den ganzen Weg nach unten, bis Sie eine kleine Schnur übrig haben. Das ist das, was unsere Fransen bildet.

Auch mit Ihrer Schere, die Kordeln am unteren Ende nach oben. Entwirren Sie die Kordeln und bürsten Sie sie zu einem Fransenmuster. Verwenden Sie Ihre Schere, um die Fransen gleichmäßig anzulegen.

Nehmen Sie ein Stück Bäckerschnur und fädeln Sie eine Schlaufe um einen Holzring.

Schon sind Sie fertig! Die Herstellung dieser Quasten dauert nicht lange, deshalb habe ich dieses Jahr einen ganzen Haufen für unseren Baum gemacht. Meine fertigen Quasten messen jeweils etwa 6 Zoll.

Sie zeigen eine Reihe von Makramee-Spiralknoten mit Fransen. Sie können immer noch farbige Schnüre kaufen, wenn Sie verschiedene Farben wünschen. Sie können auch einige Perlen einflechten, um einen schönen Effekt zu erzielen. Ich habe versucht, dies zu tun, aber die Holzperlen lief aus!

MACRAME-KISSEN

Sobald Sie Ihr Muster erstellt haben, entfernen Sie es einfach von Ihrem Dübel und fügen es wieder zu Ihrem Kissen hinzu. Es ist wirklich so einfach. Ich zeige Ihnen, wie ich es gemacht habe.

Benötigte Materialien

Makramee-Schnur Schere Nähmaschine / Garn (optional) Kissenbezug und befestigen Dübel oder Stick Maßband Für dieses Kissen können Sie entweder mit einem Kissenbezug beginnen, den Sie bereits haben, oder einen einfachen Kissenbezug herstellen. Aber machen Sie ihn noch nicht einfach - siehe erster Schritt 5. Ich habe aus dem Falltuch einen einfachen Kissenbezug gemacht. Er passt genau zur Kordel und sieht toll aus. Wenn Sie jedoch das Makramee zur Geltung bringen wollen, wählen Sie eine kontrastierende Farbe für Ihren Bezug.

Mein Bezug ist zum Vergleich 20 Zentimeter lang. Sie möchten sicherstellen, dass Ihr Makramee-Muster Ihr Kissen bedecken kann - aber falls nötig; die gute Nachricht ist, dass Sie es ausdehnen können, damit es passt.

1 Schneiden Sie die Kordeln ein! Um dieses Muster zu machen, brauchen Sie 16-12 Fuß Kordeln. (Und je nachdem, wie lang Sie Ihre Fransen mögen, werden Sie ein wenig Überschuss haben).

2 Verwenden Sie umgekehrte Lerchenkopfknoten, um alle 16 Kordeln an Ihren Dübel zu binden. Siehe den Artikel Einfache Makramee-Knoten, wie Sie diesen Knoten fertigstellen.

3 Das Muster für diese Abdeckung ist nur 1 alternierender quadratischer Knoten in der Schnur. Ich habe eine kleine Lücke zwischen jedem Knoten gelassen - etwa einen halben Zoll als Bezugspunkt. Außerdem geht das Projekt mit ein wenig Platz viel schneller voran.

Machen Sie immer wieder abwechselnd quadratische Knoten, bis Sie an der 20"-Kante angelangt sind. Verwenden Sie Ihr Maßband, um zu verfolgen, von wo aus Sie sind.

Machen Sie zwei horizontale Reihen (von links nach rechts, dann von rechts nach links) oder doppelte Halbsteppknoten, bis Sie unten ankommen.

4 Jetzt, wo wir mit dem Muster fertig sind, schneiden Sie den Überschuss unten ab, aber lassen Sie ein wenig Fransen übrig - ich habe etwa 5 Zentimeter oder so gelassen. Mehr oder weniger, das bleibt ganz Ihnen überlassen.

Jetzt entfernen Sie entweder Ihren Dübel oder schneiden ihn einfach bei Schritt 5 ab: Wie bringe ich das an meinem Kissenbezug an?

Hier sehen Sie, wie Sie Ihr Makramee-Muster an Ihrem Kissen befestigen. Bevor Sie es annähen, wenn Sie eine Abdeckung selbst machen - Sie werden im Wesentlichen das Muster auf die Vorderseite Ihrer Abdeckung ausrichten und die abgeschnittenen Enden ein wenig über die Oberseite hängen lassen.

Legen Sie das Schnittmuster über die Vorderseite und legen Sie das Rückenteil darauf!

Legen Sie das Rückenteil über Ihren Bezug und die Makramee-Vorlage - mit den rechten Seiten zueinander - im Wesentlichen machen Sie hier ein Sandwich, und das Makramee wird das "Fleisch" genannt.

Flicken Sie nun einfach die obere Naht Ihres Kissenbezugs - gehen Sie auch über die Seile! Es erfordert ein gewisses Maß an Finesse, aber Sie können es. Ich habe es hochgesteckt, um alles zusammenzuhalten.

Schieben Sie das Makramee-Muster in Ihr Kissen, um den Rest Ihres Bezugs zu nähen, und nähen Sie die restlichen Nähte wie gewohnt.

Klappen Sie es gerade nach außen. Jetzt sollte Ihr Makramee-Muster auf der Oberseite Ihres Kissens angebracht sein (es kommt von innen zwischen den Nähten heraus).

Ich habe ein weiteres Stück Makramee-Kordel genommen und einen einfachen Knoten auf der Rückseite gemacht, um den Rest des Bezuges zu verbinden. Sie werden die Rückseite nie sehen, also wen interessiert das schon. Ich schlängelte mich in und aus den quadratischen Knoten auf dem Faden. Das hilft nicht nur, Ihr Muster zu verteilen, sondern schützt es auch nach unten zum Rand hin.

Nehmen Sie eine Kordel und schlingen Sie sie durch Ihr Muster ….

Nehmen Sie die andere Hand und führen Sie sie durch Ihr Kissen auf der Unterseite … machen Sie dies mehrmals (kreuz und quer) und verknoten Sie sie!

Und das war's! Ihre Fransen baumeln nun an den Rändern.

Auch wenn der Kissenbezug von der Stange ist?

Nun - Sie können eine der Nähte öffnen und die obigen Schritte befolgen, aber ich denke, das werden Sie nicht tun wollen.

Nehmen Sie also einfach ein weiteres Stück Makramee-Kordel, schlingen Sie es nach oben und knoten Sie es auf der Rückseite fest. Wie oben erwähnt, können Sie auch die Seiten noch verknoten.

Oder Sie können dies auch mit der Hand an Ihren Bezug nähen.

Das gibt Ihrer Couch oder Ihrem Sessel auf jeden Fall ein bisschen mehr Pepp. Aber das ist eher ein dekoratives Kissen - das Gesicht darauf zu legen, ist etwas unangenehm.

MAKRAMEE MASON-GLÄSER

Mason-Gläser sind so praktisch! Ich verwende sie zur Aufbewahrung von Gegenständen in der Speisekammer. Und Kleinigkeiten (wie Münzen, Stecknadeln für meine Näharbeiten, Hatchimals für meine Tochter, haha). Aber ich liebe es auch, sie hier und da aufzuhübschen. Ein Set aus schönen Mason Gläsern hat etwas wirklich Heimeliges an sich.

Wenn Sie auf der Suche nach einer Möglichkeit sind, einen Knoten zu machen oder ein paar Beachy-, Boho-Vibes in Ihre Dekoration zu bringen - dann werden Sie diese Makramee-Mason-Gläser lieben.

Hier ist, was Sie brauchen

Makramee-Schnur - das ist die gleiche Schnur, die ich die ganze Woche verwendet habe! (Yep - mit dieser einen Charge Seil können Sie all diese schönen Dinge machen) Mason Jars Schere - ich hatte eine größere mit einem Griff und eine normale Version.

Makramee-Holzringe - ich liebe es, wie erdig diese sind Makramee-Buch - perfekt für das Oui Macrame Craft-Abonnement zum Lernen und zur Motivation - jeden Monat ein neues!

Macrame Mason Jars - Schritt für Schritt Beginnen wir mit dem Schneiden der Schnüre, die wir benötigen.

Ich habe 2 Gläser für dieses Projekt gemacht. Ein normalgroßes Einmachglas mit Henkel und ein größeres Einmachglas.

Bei beiden Gläsern habe ich die Kordeln auf die gleiche Länge geschnitten - am Ende müssen Sie den Überschuss bei dem normalen Glas abschneiden. Trotzdem ist es immer noch besser, zu viel Kordel zu haben als zu wenig!

Erstellen eines Makramee-Einmachglases Das größere Einmachglas hat ein Muster mit einem abwechselnden quadratischen Knoten rundherum. Für jedes Glas ist die Kordel 1,5 m lang.

Für das größere Glas benötigen Sie 6 Kordeln, für das kleinere Glas 8 Kordeln.

Die Muster unterscheiden sich bei den einzelnen Gläsern geringfügig: Das größere Mason Jar (in dieser Anleitung als "Larger" bezeichnet): Das Muster ist ein abwechselnder quadratischer Knoten rundherum.

Standard-Mason Jar (in dieser Anleitung als Standard bezeichnet): Das Muster besteht aus 2 quadratischen Knoten, gefolgt von 2 abwechselnden quadratischen Knoten rundherum.

So beginnen Sie jedes Glas: Nehmen Sie zwei Ihrer 6-Fuß-Schnüre und wickeln Sie sie um den Rand des Glases - sichern Sie sie mit einem einzelnen quadratischen Knoten. Größer: Nehmen Sie eine Ihrer 6-Fuß-Kordeln und wickeln Sie sie um den Rand des Glases - sichern Sie sie mit einem Standardknoten.

Beginnen Sie mit den Kopfknoten der Lerche. Fahren Sie mit den Kopfknoten der Lerche fort. Wie Sie den Kopfknoten einer umgekehrten Lerche machen, sehen Sie unter Einfache Makramee-Knoten.

2. Befestigen Sie die restlichen Schnüre: Normal: Nehmen Sie die restlichen 6 Kordeln und binden Sie sie mit den Kopfknoten der umgekehrten Lerche an Ihr Glas. Größer: Nehmen Sie die restlichen Ihrer 5 Kordeln und befestigen Sie sie mit den Kopfknoten der umgekehrten Lerche an Ihrem Glas. Die Knoten verteilen sich gleichmäßig um den Rand des Gefäßes.

Erzeugen Sie in Abständen quadratische Knoten, indem Sie quadratische Knoten in 3 Abständen erzeugen. Knüpfen Sie quadratische Knoten: Regelmäßig: Machen Sie 2 Knoten im Quadrat rundherum. Größer: Machen Sie einen 1-reihigen abwechselnden quadratischen Knoten um das ganze Glas herum.

Mason jar alternierende quadratische Knoten mason jar 4. Setzen Sie das Muster unten am Glas fort: Machen Sie eine Reihe von 2 abwechselnden quadratischen Knoten, jetzt normal. Fahren Sie mit diesen abwechselnden Reihen quadratischer Knoten fort, bis Sie den Boden des Gefäßes erreichen. Größer: Beginnen Sie auf dem Weg dorthin mit einer weiteren Reihe von abwechselnden quadratischen Knoten. Wiederholen Sie dies, bis Sie den Rand des Gefäßes erreichen.

Abwechselnde Mason-Jar-Vierkantknoten Tipp: Haben Sie einen Henkel an Ihrem Topf? Wenn Sie die Knoten um den Henkel herum oder um ihn herum anbringen, passt es gerade so.

Fransen-Makrame 5 auf dem Boden des Mason Jars erstellen. Schließen Sie die Flasche ab: Normal / Größer: Schneiden Sie überschüssiges Seil ab, bevor Sie zum Boden des Glases kommen, aber lassen Sie es ein wenig dort und kämmen Sie es für einen Fransen-Look aus.

Ich habe einige Teelichter für einen süßen Schein in meine Makramee-Mason-Gläser gestellt!

Ich wollte immer, dass meine Gläser durchsichtig sind, deshalb habe ich mich für ausgebreitete, abwechselnde quadratische Knoten entschieden.

Wie auch immer - wenn Sie wirklich den ganzen Topf abdecken wollten, könnten Sie ein kleineres Seil verwenden und abwechselnde quadratische Knoten sehr eng gewebt machen. Hmm, vielleicht werde ich an einer Version davon arbeiten, um sie hier hinzuzufügen.

Wäre das nicht ein Einweihungsgeschenk oder eine süße Aufmerksamkeit? Füllen Sie es mit einer schönen Kerze, und fügen Sie eine Geschenknotiz hinzu. Das Design ist außerordentlich cool.

Und wenn Sie ein Küstenthema in Ihrem Haus haben, würde es toll aussehen, um Ihre Dekoration zu ergänzen. Vielleicht in einem Bücherregal oder auf einem Beistelltisch.

MAKRAMEE-ARMBAND

Wollten Sie schon immer Ihre eigenen Halsketten, Armbänder & Designertaschen herstellen, wussten aber nicht wie oder hatten nicht die entsprechenden Mittel? Möglicherweise sind Sie schon einmal auf ein solches Problem gestoßen. Okay, ein Style mit Makramee ist genau das, was der Arzt verordnet hat.

Makramee ist eine Art der Textilherstellung, die das Knüpfen verwendet. Die Materialien, die beim Makramee verwendet werden, reichen von Jute, Seide, Baumwollschnüren, Hanf und Garnen. Um eine Sache zu bauen, ist es ein Prozess des Verknotens von Schnüren, Codes oder Strings zusammen. Es kann eine Halskette, ein Ring, ein Armband usw. sein. Makramee-Muster können komplizierter gemacht werden, indem man verschiedene Knoten kombiniert, um einen Komplex oder ein Muster zu schaffen. Ein Makramee-Armband kann wie folgt hergestellt werden: Geeignete Materialien Schere oder Rasierklinge Ein Bleistift oder eine Schaumstoffplatte oder ein T-Stift Ein Hanfseil oder eine Schnur nach eigener Wahl Anleitung.

1 Zuerst wird der Umfang des Handgelenks gemessen. Anschließend schneidet man mit Hilfe einer Schere zwei Teile des Hanfseils ab. Die abgeschnittenen Teile sollten mindestens das Dreifache der Handgelenkslänge bzw. des ursprünglich gemessenen Durchmessers betragen. Wenn z. B. 5 Zoll gemessen wurden, dann sollten zwei Stränge geschnitten werden, die jeweils 15 Zoll messen.

2 Ein Strang wird in der Mitte umgeschlagen. Halten Sie den Bleistift in einer horizontalen Position und spannen Sie die gefaltete Schnur auf den Schaft des Bleistifts, so dass eine

Schlaufe knapp über der Vorderseite des Bleistifts hängt und auch die losen Enden dahinter hängen. Diese losen Enden sollten durch die Schlaufe geführt und dann festgehalten werden. Wiederholen Sie diesen Zyklus mit dem zweiten Strang. Sie werden schließlich vier Strähnen haben, die am Bleistift herunterhängen. Gedanklich können Sie diese vier Stränge als 1, 2 3 4 markieren, von rechts nach links. Welche Beschriftungstechnik Sie auch immer für einfach halten, Sie können sie verwenden.

3 Strang 1 wird dann auf die linke Seite genommen, über die beiden Stränge 2 und 3 (die wiederum die beiden mittleren Stränge sind), und danach unter Strang 4.

4 Nehmen Sie Litze 4 hinter den beiden Litzen 2 und 3 an dieser Stelle durch die Schlaufe, die Litze 1 geformt hat. Ziehen Sie sowohl Litze 1 als auch Litze 4 fest, damit ein halber quadratischer Knoten entsteht.

5 Sie kennen inzwischen eine Methode, einen Strang zu kreuzen. Fahren Sie mit diesem Zyklus des Überkreuzens des Strangs fort, bis das Armband schließlich die Länge erreicht,

die Sie wünschen. Beim Weiterarbeiten entstehen Spiralen aus Halbquadratknoten.

6 Hier werden die Schlaufen von der Kreide abgezogen. Ziehen Sie dann an Strang 2 und Strang 3, um die Größe der entstandenen Schlaufen ein wenig anpassen zu können. Danach werden alle vier Fäden zusammengelegt und zwei Knoten zur Sicherung der Arbeit geknüpft. Dies sind wichtige Knoten. Alle Fäden, die Sie unerwünscht finden, sollten Sie abschneiden, und zwar möglichst ähnlich wie bei diesen Knoten.

7 Sie haben jetzt Ihr Armband am Handgelenk. Dann wird der Knoten um die Schlaufe geführt, um Ihr Handgelenkarmband zu sichern.

Die obigen Schritte helfen Ihnen, ein einfaches Armband aus Makramee zu gestalten. Bei dieser Art von Makramee wird nicht gewebt oder gestrickt, sondern geknotet. Sie können auch Perlen verwenden, um ein Makramee-Armband mit Perlen herzustellen. Mit einer Makramee-Methode können

Sie verschiedene Arten von Armbändern entwerfen. Alles hängt von Ihnen ab.

MAKRAMEE-EINKAUFSTASCHE

Ressourcen

Jute-Seil

Griffe der Tasche

1. Teilen Sie ein 2,3 m langes Seil in 10 Stücke. Falten Sie sie in der Hälfte und fädeln Sie sie durch die Lücke am Beutelgriff bis zur gefalteten Mitte. Nehmen Sie die Enden des Seils und führen Sie sie durch die Schlaufe, die Sie in diesem früheren Schritt gemacht haben. Ziehen Sie sie fest. Wiederholen Sie diesen Vorgang, bis 5 Seilstücke am Griff jeder Tasche befestigt sind.

2. Beginnen Sie an einem Ende, trennen Sie zwei Seilstücke voneinander und schieben Sie den Rest zur Seite. Mit diesen beiden Stücken werden wir den ersten Knoten machen. Dies ist der Knoten, den wir in der Anleitung verwenden werden,

gehen Sie also weiter zu den nächsten Schritten, wenn Sie verwirrt sind.

Machen Sie eine Biegung des rechten Strangs, so dass er den rechten Winkel über das linke Seil kreuzt.

Nehmen Sie das linke Seil (das noch gerade ist) und fädeln Sie den Faden, den Sie mit den beiden Seilen gemacht haben, durch die Lücke. Schieben Sie beide Enden des Seils weg, bevor der Knoten geformt ist und sich in der richtigen Position befindet. Sie möchten, dass der Griff etwa 5 cm nach vorne zeigt.

Nehmen Sie das linke Seil, um den Knoten zu vollenden, und führen Sie es diesmal über das rechte.

Diesmal wird das rechte Seil durch die Lücke gefädelt. Schieben Sie den festen Knoten wieder rüber. Der doppelte Halbschlagknoten ist nun fertig.

3. Verwenden Sie die verbleibenden Seile am Griff, um vier weitere dieser Knoten in einer Reihe zu machen. Fahren Sie dann wieder fort, aber lassen Sie diesmal das erste Seil aus und machen Sie den zweiten und dritten Knoten. Fahren Sie

auf der Linie fort. Diesmal machen Sie vier Knoten und lassen das erste und letzte Seil aus.

4. Machen Sie die dritte Reihe genauso wie die erste (also fünf Knoten, ohne Seile zu verlieren), sobald Sie die zweite Reihe beendet haben.

5. Wiederholen Sie die Schritte 2-4 am zweiten Griff, sobald die dritte Reihe fertig ist. Wenn diese fertig ist, legen Sie die beiden Griffe mit den Rückseiten zueinander.

6. Nehmen Sie die beiden Endseile von der Vorder- und Rückseite der Tasche und binden Sie diese zusammen, um den nächsten Abschnitt zu beginnen. Verknoten Sie die vorderen und hinteren Bänder, bis Sie auf das andere Ende stoßen. Sie haben dann vorne und hinten die letzten Leinen übrig. Binden Sie diese zusammen.

7. Knüpfen Sie in diesem Muster weiter, bis Sie an den Enden etwa 10 cm Seil übrig haben.

8. Schneiden Sie das Seil auf eine Länge von 4 m ab. Verwenden Sie die gleiche Methode wie bei den Griffen, um diese in den letzten Seitenknoten einzubinden.

9. Nehmen Sie eine vordere und eine hintere Schnur und wickeln Sie das Seil um diese. Nehmen Sie dann zwei weitere Knoten (einen von vorne und einen von hinten) und machen Sie dasselbe noch einmal. Handeln Sie, bevor Sie oben ankommen.

10. Ziehen Sie das Seil, das herunterhängt. Verbinden Sie diese Stränge miteinander, um sie mit Knoten zu fixieren. Um diese zu verstärken, sollten Sie etwas Kleber auftragen. Verbinden Sie sie zu einer Franse.

Und schon sind Sie mit Ihrer Packung fertig. Wenn Sie etwas wollen, das Sie mit einem farbigen Plektrum in ein natürliches Brandrot oder Salbeigrün tauchen. Klar, ich gehe los und kaufe etwas Obst und Gemüse!

FAZIT

Sobald Sie die einfachen Makramee-Knoten gemeistert haben, sind Sie bereit, zum Mikro-Makrame überzugehen und die seidigen Schnüre (eher wie Fäden) und zarten Glasperlen zu verwenden, um wunderschönen Schmuck zu machen. Sie können auch Hanf verwenden, um einen natürlicheren Schmuckstil herzustellen. Sie können auch Leder, Seide, Baumwollfasern, Rattenschwanz und Flachs für Ihre Handarbeiten verwenden. Sobald Sie die einfachen Knoten beherrschen, gibt es wirklich unendlich viele Möglichkeiten!

Einer der großen Vorteile dieses Hobbys ist, dass Sie mit einer begrenzten Investition in Ausrüstung und Materialien mit Ihrem Handwerk beginnen können. Im Gegensatz zu anderem Drahtschmuck oder Stricken und Häkeln, können Makramee-Schmuckprojekte leicht unterwegs fertiggestellt werden. Sie brauchen keine Rollen von Draht und verschiedene Geräte, um an Ihren Entwürfen zu arbeiten, mit nicht mehr als einem stabilen Klemmbrett und einigen sehr grundlegenden Vorräten können Sie bequem in Ihrem Schoß arbeiten.

Makramee ist eine großartige Kunst und hat aus guten Gründen ein großes Comeback erlebt: Es ist leicht zu erlernen, es ist billig und es ist einfach zu machen. Im Handumdrehen knüpfen Sie sich schöne Stücke.

Heutzutage bedeuten Makramee-Hobby und -Fähigkeit verschiedene Dinge für verschiedene Menschen. Die Fertigkeit ist für viele in vielfältiger Weise nützlich. Das Binden der verschiedenen Knoten stärkt Arme und Hände. Es kann sehr beruhigend für den Geist, den Körper und die Seele sein, ein Makramee-Projekt zu bauen! Makramee-Projekte erfordern nur wenige Ressourcen und verlangen Materialien ohne Chemikalien oder Dämpfe; es ist zweifelsohne eine erdfreundliche, natürliche Fähigkeit.

Makrame-Designs reichen von Schmuck, Aufhängern für Pflanzen, Heimdekorationen, Aufhängern für Türen, Geldbörsen und Gürteln. Makramee-Farben und -Texturen bieten eine breite Palette von Möglichkeiten. Die Materialien reichen von verschiedenen Jute- und Hanfstärken bis hin zu Bindfäden, gewebten Nylon- und Polyesterfasern. Heutzutage gibt es nicht nur Holzperlen in Projekten, sondern auch Glas- und Keramikperlen werden in Projekte integriert.

Makramee hat sich verändert ... ja, es ist alles Teil des kreativen Kreislaufs, der auf mehreren Ebenen fortbesteht. Sowohl erfahrene Makramee-Künstler als auch Experten betrachten es als entspannend, unterhaltsam, fantasievoll und befriedigend. Es gibt immer mehr Möglichkeiten für hochwertiges Makramee, um die Einrichtung Ihres Hauses, Ihre Garderobe und Ihren persönlichen Stil zu verbessern, für diejenigen, die die fertigen Stücke einfach nur benutzen und genießen wollen. Die Entscheidung, wie lange es dauert, Makramee zu lernen, hängt von verschiedenen Faktoren ab, z. B. davon, wie leicht Sie diese Technik erlernen. Wenn Sie schon lange stricken oder nähen, wird der Schwierigkeitsgrad etwas geringer sein, da es einige Parallelen mit dem Prozess gibt.

Lightning Source UK Ltd.
Milton Keynes UK
UKHW010654240621
386081UK00010B/516